INTRODUCCIÓN A LA
LECTURA DE LACAN

COLECCIÓN PSICOTECA MAYOR

Serie Freudiana

TEMAS DE PSICOANALISIS Y
PRACTICA PSICOANALITICA

Se agrupan en esta sección títulos de psicología, psiquiatría y psicoanálisis, según un criterio no solamente temático sino también conceptual y científico. Reúne libros de fondo dentro de la más actual producción teórica en la teoría psicoanalítica y sus distintas vertientes: psicoterapia de grupos, análisis institucional, historia del movimiento psicoanalítico, etc., sin omitir las aportaciones de la llamada escuela lacaniana.

Joël Dor

INTRODUCCIÓN A LA LECTURA DE LACAN

*El inconsciente estructurado
como un lenguaje*

gedisa
editorial

Título del original en francés:
Introduction à la lecture de Lacan
© by Editions Denoël, París, 1985

Traducción: Margarita Mizraji
Revisión Técnica de la traducción: Nora Woscoboinik,
 bajo la dirección de Joël Dor

Ilustración: Carlos Nine

Primera edición en Barcelona, abril de 1994
Segunda edición en Barcelona, marzo de 1995

Derechos para todas las ediciones en castellano
Avda. Tibibado 12, 3°

© by Editorial Gedisa, S.A.

Tel.: 201 60 00
08022 Barcelona, España

Depósito legal: B. 15.174 - 1995
ISBN: 84-7432-517-X
Impreso en Master Copy, S.A. de C.V.
Impreso en México
Printed in México

*Todo mi reconocimiento a Nora Woscoboinik
por su preciosa colaboración en la
edición castellana de este libro.*

París, julio de 1986

SUMARIO

Introducción

Esta *Introducción a la lectura de Lacan* retoma los puntos esenciales de los argumentos expuestos en una serie de conferencias, que, desde el comienzo, se realizaron fuera de los lugares rituales donde se imparte habitualmente la enseñanza del psicoanálisis, es decir, las instituciones psicoanalíticas, universitarias y psiquiátricas. Ese "fuera de lugar" donde se carecía de experiencia, no impidió que, a partir de 1981, se empezara a esbozar regularmente para algunos la posibilidad de un estudio de los trabajos de Lacan. La experiencia de ese "fuera de lugar" contribuyó, en primer lugar, a especificar y a inscribir ese estudio bajo el rótulo simbólico de *Seminario del Salón de Música*. Pero, al principio, cuanto más oportuna era la autonomía de ese "fuera de lugar", a causa de la coyuntura psicoanalítica de la época, tanto más necesario era encontrar luego un punto de apoyo institucional[1] que permitiera cimentar la continuidad.

Desde un principio, ese proyecto de enseñanza debía negociarse como si se tratara de una verdadera apuesta dado que, efectivamente, se dirigía a un auditorio de clínicos en formación (psicólogos, psiquiatras, analistas), que se sentían solidarios no sólo por el hecho de tener en común el desconocimiento de la obra de Lacan, sino también un vivo interés de iniciarse en ese terreno sin esperar el momento de encontrar un trabajo para remediar esa necesidad.

Entonces, había que elaborar e impartir una enseñanza deliberadamente *didáctica*, acorde con las necesidades del grupo que la solicitaba. Aparentemente, ésa era la única exigencia que debía tenerse en cuenta para lograr el objetivo planteado de la manera más aproximada, es decir, *introducir* a la *lectura* de una

11

obra psicoanalítica considerada difícil. Sin embargo, esa preocupación "pedagógica" no se utilizó para sacrificar la integridad de la obra abordada en beneficio de simplificaciones abusivas o de explicaciones retóricas. Ante todo, más que cuidar la elegancia de la exposición o el estilo del comentario, había que preservar la coherencia y la lógica interna de la obra en sus mínimos arcanos, aunque fuese a costa de una argumentación árida y, a veces, hasta sinuosa. Tampoco se encontrará en esta obra ninguna complacencia con respecto a los estereotipos del discurso significantes de reconocimiento o pertenencia, ni ninguna preferencia por el discurso formal profético o por los herméticos lugares comunes de escuela. A lo sumo, se encontrará una manera permanentemente atenta de enfocar la estrategia de introducción a esa obra masiva y compleja que permite explorar metódicamente en ella los principales relieves y las dificultades esenciales.

En ese sentido, *el retorno* obligatorio *a Freud* se imponía como la vía de acceso más favorable a la base de las elaboraciones fundamentales del pensamiento de Lacan. Por eso, nos referimos a la doctrina freudiana para circunscribir en ella el punto de apoyo de los conceptos lacanianos más cruciales, como la inserción de éstos en el desarrollo de las primeras articulaciones teóricas. Por eso, también nos apoyamos en la clínica freudiana como referencia original a la cual hay que volver para ilustrar el carácter heurístico de esas conceptualizaciones.

Pero, más allá de esa fidelidad a Freud, también había que darle a la exposición de esas conceptualizaciones el perfil de un argumento cuyo desarrollo se organizaría progresivamente. Esa cohesión se logró en torno de la siguiente propuesta directriz: *"el inconsciente estructurado como un lenguaje"*, la cual se formuló a título de hipótesis al inicio de la enseñanza. Ese aforismo constituía entonces el medio más práctico para cimentar la infraestructura de una enseñanza que tendría por misión aportarle a dicha máxima los elementos de justificación adecuados. De hecho, la demostración de esa hipótesis —a pesar de ser "pedagógica" en gran parte— determinó una prospectiva apropiada a la investigación de los principios constitutivos de la obra de Lacan, los que, de ese modo, se encontraban articulados en su propia cohesión. Además, esa senda didáctica se prestaba fácilmente a hacer incursiones puntuales en muchas disciplinas conexas que se atravesaban o se interpelaban a través de las elaboraciones teóricas de Lacan. Así, el hecho de recordar de manera concisa ciertos aspectos fundamentales del *estructuralismo*, de la *lingüística saussuriana* y de la *filosofía hegeliana* permitió tanto explicar como sostener algunos de esos postulados teóricos.

Dentro de esa misma perspectiva de clarificación, se introdujeron algunas fórmulas simbólicas y figuras gráficas. Estas y otras representaciones esquemáticas, que se agregan a los algoritmos de Lacan, no significa en absoluto que haya algunos "matemas" que tienen dificultades para nacer ni tampoco algunos procesos de formalización en curso. A lo sumo, se trataba de recurrir a algunos medios arbitrarios que podían "metaforizar" económicamente argumentos teóricos que, a veces, parecen muy abstractos.

Desde un punto de vista general, también se presentaba como importante el hecho de que el desarrollo de esa enseñanza debía adherir a algunas opciones directrices — que otros llamarán éticas — capaces de aportar algunos juicios con respecto al pensamiento de Lacan. En primer lugar, desmistificar la reputación de una obra que, a menudo, los no especialistas la recusan por considerarla una suma radicalmente hermética, y hasta esotérica e inaccesible para ciertos aprendices clínicos, lo cual son fantasías ampliamente reforzadas por el mito del tesoro teórico que encierra la obra aún inédita de Lacan.[2] En segundo lugar, contribuir a que se deje de movilizar el culto de iniciación a la veneración lacaniana donde algunos conceptos, expurgados de las connotaciones teóricas, se convocan doctamente para ornamentar insípidas peroratas escolásticas, o bien se esgrimen salvajemente como un arma interpretativa. Por último, también era conveniente aportar algunos materiales elementales pero necesarios, para realizar prudentes o saludables revisiones de los tenores de la cita y de los ex combatientes de la sentencia lacaniana, que transigen conjuntamente en el uso bastardo de la fórmula.

Sin embargo, esa enseñanza sólo podía acordarse a esas opciones si se prestaba atención a la importancia que Lacan siempre le otorgó a la incidencia del tiempo lógico. Por eso, para acceder a la obra de Lacan se necesitaba no anticipar *el tiempo de entender* sobre *el instante de la mirada* y, *a fortiori, el momento de concluir* sobre *el tiempo de entender*. Respetar ese imperativo lógico significaba decidirse a elaborar una presentación de la obra de Lacan que permitiría arriesgarse en ella de manera más modesta pero también más aproximada, hasta tener la seguridad de haber reunido al menos los argumentos iniciales. Por el contrario, ceder el paso a la recusación de principio o al comentario falaz hubiese significado economizar esa introducción metodológica fuera de la cual toda discusión corre el riesgo de desacreditarse ella misma por adelantado. En cambio, la medida exacta que se le acordó a esa presentación didáctica hizo presentir aun más la necesidad de remitir a un momento ulterior la interrogación sobre la obra misma que, evidentemente, no está exenta de críticas.

Aunque esa interrogación haya hecho suponer que el *tiempo de entender* ya había llegado, paradójicamente, al finalizar la enseñanza, la única manera de darle término fue la suspensión del *momento de concluir*. Esa ausencia deliberada de conclusión se encontraba doblemente justificada.

Por un lado, era oportuno detenerse en un punto suficientemente estratégico de la obra estudiada para que se actualice el objetivo didáctico que se había propuesto para impartir esa enseñanza, es decir, *introducir* a la *lectura*. El hecho de arriesgarse inmediatamente en esa lectura se convertía ya, en sí, en una conclusión razonable que se imponía.

Por el otro, también había que tener la medida exacta de la marcha efectuada en este trabajo dedicado esencialmente a las elaboraciones fundadoras de la obra de Lacan. Entonces, en esta *Introducción*, no concluir era optar implícitamente por el proyecto de una continuación que elucidaría, a través de prolongaciones legítimas, los desarrollos ulteriores de la obra abordada. La continuación actual del trabajo ya emprendido consiste en encontrar las modificaciones conceptuales de ciertos fragmentos teóricos iniciales e introducir los lineamientos generales de argumentos nuevos.

Aparentemente, la necesidad de impartir una enseñanza *didáctica* contradice, en muchos aspectos, el llamado de atención que Lacan hacía habitualmente con respecto a la "futilidad del discurso del saber" cuyo espécimen más acabado, según Lacan, era "la operación del discurso universitario cuando se hace tesis de esa ficción que él llama un autor".[3]

Al menos, apostemos a que el uso de una operación de discurso didáctico que intenta hacer tesis de un autor, al consignarse por escrito, favorecerá la introducción a la obra de un autor que, en consecuencia, es ficticio.

Mayo de 1984

1.

El "retorno a Freud"

Una *Introducción* a la obra de Lacan como tal debe situar
en ella las articulaciones principales en un punto de entrada preliminar, lo que no quiere decir elemental o esquemático. A lo sumo se trata de balizar el terreno sobre el que Lacan mismo tra-
bajó al principio. Ese terreno es el terreno freudiano, el *campo
freudiano*, tanto en lo que concierne a las consecuencias prácticas como a nivel de la elucidación teórica. Por lo tanto, esa referencia freudiana constituye la infraestructura constante de la ar-
quitectura teórica de Lacan.

Dicha referencia es, ante todo, referencia a cierto modo de
aprehensión y de intelección del inconsciente y, al mismo tiempo, a cierto tipo de práctica continuamente codificada con respecto a un principio de investigación que, hoy en día, es difícil
confundir dada la etapa que inaugura. Se trata de situar de
entrada lo que pertenece sin equívoco a una práctica auténticamente psicoanalítica con respecto a otros procedimientos de investigación del inconsciente que, aunque pretenden situarse
dentro del psicoanálisis, parecen haber perdido por completo ese
sentido.

Desde un principio, la referencia freudiana en la investigación del inconsciente lleva la marca de cierto "sello" psíquico que
nos asegura que no se trata de una entidad abstracta o metafísica
y que tampoco remite al registro de una entidad biológica o a algún sustrato psíquico mensurable o cuantificable. Los procesos
psíquicos inconscientes que Freud circunscribió se encuentran, en
el principio mismo del descubrimiento que el propio Freud hizo,

17

alienados en la dimensión psíquica del lenguaje y en los puntos de apoyo en que esa dimensión se sostiene por intermedio de la transferencia.

El lenguaje y la transferencia, que delimitan el campo de inserción de una práctica que puede considerarse como la auténticamente inaugurada por Freud, son, entonces, ambos polos. Sin embargo —esta aclaración merece señalarse—, si una práctica analítica es una práctica de lenguaje, toda práctica de lenguaje no es necesariamente psicoanalítica. Por otra parte, si es en la palabra donde el inconsciente encuentra su articulación esencial, a partir de eso es factible interrogarse sobre la dimensión de ignorancia de la que hacen alarde ciertas prácticas "de inspiración" analítica que rompieron toda relación con el lenguaje.

Lacan nunca hizo concesiones con respecto a esas distinciones radicales, aunque sólo haya sido a causa de ese segundo polo, la transferencia, que aprisiona al inconsciente freudiano y a la práctica que resulta de él. Esa dimensión de la transferencia exige que se le preste tanto más atención cuanto más suscribe al siguiente aforismo freudiano: "donde hay transferencia, hay psicoanálisis". Sin embargo, ¿puede decirse que el hecho de que se instituya una transferencia es garantía suficiente de una práctica auténticamente analítica? El aforismo freudiano trae a colación algunas precisiones suplementarias que le permiten conservar todo su alcance. A partir del momento en que un sujeto se dirige a otro sujeto, hay transferencia.[4] Pero si la dimensión del encuentro permite que la transferencia se instituya, todas las condiciones también se reúnen implícitamente para que cierta *manipulación de la transferencia* pueda efectuarse en ese encuentro. En la referencia a Freud, lo que distinguirá radicalmente la práctica psicoanalítica de otras prácticas que, abusivamente, invocan esa referencia es el destino que se le reservará a la dimensión de la transferencia. Mientras que todo encuentro que se plantea un objetivo supuestamente terapéutico, puede establecerse fácilmente en el registro de la manipulación de la transferencia, la práctica analítica sólo puede constituirse en la neutralización de toda tentativa de manipulación de la transferencia. En cambio, la práctica analítica se manifestará en el registro del *análisis de la transferencia* ya que ése es el espacio donde se puede convocar al paciente para que realice la investigación de su propio inconsciente y, en consecuencia, donde puede encontrarse con toda seguridad ante la cuestión de su deseo.

Estos son sólo algunos aspectos generales en torno de los que se inscribe la referencia freudiana del inconsciente y la práctica en la cual se apoya.

Sin embargo, las primeras generaciones de analistas a veces ignoraron inconscientemente lugares comunes de esa naturaleza. Efectivamente, las necesidades que fundan la experiencia del inconsciente sufrieron muy tempranamente acomodamientos y compromisos. A tal efecto, hay que subrayar que una de las preocupaciones constantes de Lacan fue la de haber trabajado en la restauración de la originalidad freudiana de la experiencia del inconsciente bajo el lema de una hipótesis tan audaz como la siguiente: *el inconsciente está estructurado como un lenguaje.* Incluso se puede considerar que ésa es la hipótesis fundamental de toda la elaboración teórica lacaniana, aunque sólo sea porque esa proposición presupone al igual que encarna el sentido del *retorno a Freud* que Lacan no dejó de recomendar expresamente desde los comienzos de su enseñanza.

Recordemos la influencia inaugural que ejerció ese *retorno a Freud* a partir del "Discurso de Roma" (26/27-9-1953)[5] que alcanza su mayor importancia cuando se produce la escisión del movimiento psicoanalítico francés en 1953. En el prólogo mismo Lacan ya precisa su esencia:

> "El discurso que encontrarán aquí merece ser introducido por sus circunstancias porque lleva su marca.
>
> "Se le propuso al autor el tema para que elaborase el informe teórico habitual que debía presentarse en la reunión anual de la sociedad que, entonces, representaba al psicoanálisis en Francia. Desde hacía dieciocho años, esa sociedad respetaba la tradición que se había vuelto venerable, bajo el título de 'Congreso de los psicoanalistas de lengua francesa', el cual, desde hacía dos años, se había extendido a los psicoanalistas de lengua romance. Ese congreso debía realizarse en Roma en el mes de septiembre de 1953.
>
> "Antes de esa fecha, serias diferencias condujeron a la escisión del grupo francés. Dichos desacuerdos se revelaron a raíz de la fundación de un Instituto de Psicoanálisis. Se pudo escuchar entonces al equipo que había logrado imponer sus estatutos y su programa, proclamar que impediría hablar en Roma a aquel que, junto a otros, había intentado introducir allí una concepción diferente, para lo cual utilizó todos los medios a su alcance."

Lo que se le reprochaba a Lacan en esa "concepción diferente" es, precisamente, el hecho de abogar por la necesidad de un *retorno a Freud* cuya urgencia se presentaba como "el deber de liberar, en nociones que se debilitan en el uso corriente, el sentido que ellas adquieren tanto al remitirse a su propia historia como al reflexionar sobre sus propios fundamentos subjetivos".[7] Dicho de otro modo, para Lacan, eso significaba denunciar "la tentación que se le presenta al analista de abandonar el fundamento de la palabra".[8] Lacan precisará en esa ocasión que "el sentido de un retorno a Freud es un retorno al sentido de Freud",[9] es decir el regreso al orden de la "Cosa freudiana", de la cual nos recuerda "que un psicoanálisis debe introducirse fácilmente en ella sobre la base de la distinción fundamental entre el significante y el significado y empezar a ejercitarse con las dos redes de relaciones que ellos organizan y que no se superponen entre sí".[10]

En la "Situación del psicoanálisis en 1956", Lacan insiste otra vez en la importancia de la influencia de la dimensión de lo simbólico que Freud supo extraer a partir de su experiencia del inconsciente:

"Para saber lo que sucede en el análisis, hay que saber de dónde viene la palabra. Para saber lo que es la resistencia, hay que conocer lo que sirve de pantalla al advenimiento de la palabra. (...)

"¿Por qué eludir entonces las preguntas que el inconsciente plantea?

"Si la asociación llamada libre nos permite acceder al inconsciente ¿acaso lo hace a través de una liberación que se compara a la de los automatismos neurobiológicos?

"Si las pulsiones que se descubren en él pertenecen al nivel diencefálico o al nivel rinencefálico, ¿cómo puede concebirse que se estructuren en términos de lenguaje?

"Si a partir del origen mismo de esas pulsiones, los efectos y las trampas que luego aprendimos a reconocer se realizan en el lenguaje, no por eso denotan en su propia trivialidad como tampoco en las sutilezas un procedimiento relacionado con el lenguaje."[11]

Al igual que Freud, que había incluido en el programa de un Instituto ideal de formación psicoanalítica el conjunto de los estudios filológicos, Lacan determinó que se les enseñara a los analistas en formación algunos rudimentos de lingüística, aunque sólo fuese "la distinción entre significante y significado por la que se le rinde homenaje con justicia a Ferdinand de Saussure, dado que, gracias a su enseñanza, la lingüística, hoy en día, forma parte de las Ciencias humanas."[12]

De hecho, a partir de 1956, Lacan insiste en la noción de "la primacía del significante sobre el significado" como una de las consecuencias, aparentemente, más evidentes de la *Traumdeutung*:

> "El sueño es un enigma (dijo Freud). ¿Qué es lo que Freud hubiera tenido que agregar para que no prestáramos atención en ese caso a las palabras del alma? ¿Acaso las frases de un enigma tienen algún sentido y el interés que ponemos en ellas, es decir el que ponemos en descifrarlas, no obedece al hecho de que la significación que se evidencia en esas imágenes es caduca y que, además, el único alcance que tienen consiste en llegar a entender el significante que ellas esconden?"[13]

Esa primacía del significante de la que Lacan anuncia desde un principio la manera en que el sujeto se encuentra capturado en ella, esa especie de alienación que el sujeto nutre con sus propios síntomas que adquieren un sentido emergente tan importante en el campo del análisis,[14] nos lleva inevitablemente a ratificar la idea de que "lo que la técnica del psicoanálisis, que se ejerce en la relación del sujeto con el significante, conquistó en materia de conocimiento sólo se sitúa cuando se ordena alrededor de ella".[15]

Sin embargo, recién en 1957, Lacan circunscribirá de manera decisiva la incidencia de ese *retorno a Freud* cuya esencia se encontrará directamente articulada en la noción del lenguaje. Allí encontraremos el tema de la conferencia magistral titulada "La Instancia de la letra en el Inconsciente o la razón desde Freud", cuyo sentido inaugural quedó estipulado a partir de las proposiciones introductorias:

> "Incluso un psicoanalista de hoy en día no puede dejar de sentirse alcanzado por la palabra, puesto que su propia experiencia recibe de ella el instrumento, el marco, el material y hasta el ruido de fondo de sus propias incertidumbres.
>
> "El título que elegimos permite entender que, más allá de esa palabra, la experiencia analítica descubre en el inconsciente toda la estructura del lenguaje."[16]

El hecho de introducir a la obra psicoanalítica de Lacan exige entonces que se establezca debidamente lo que funda los alcances de la proposición *el inconsciente está estructurado como un lenguaje*, a condición de haber explorado con anterioridad lo que, en la obra de Freud, justifica el principio y la pertinencia de dicha hipótesis. Siendo *La interpretación de los sueños*[17] la pieza maestra de la obra de Freud, tal justificación se efectuará a partir de algunas de sus articulaciones más importantes.

Recordemos que la hipótesis genial de Freud con respecto al sueño consistirá en aplicarle al mismo la técnica de investigación que él ya había aconsejado con el éxito que todos conocemos a otras manifestaciones psicológicas como la obsesión y la angustia. Me refiero al *método de la asociación libre*. Esa técnica, llevada a la primera categoría a causa de las insuficiencias y de las dificultades que se encontraron en la aplicación de los métodos hipnótico y catártico, además de permitir identificar la significación de manifestaciones psíquicas de origen inconsciente, a raíz de sus virtudes prácticas,[18] permitirá realizar una generalización que conducirá a la noción misma de *formación del inconsciente*; en otras palabras, permitirá realizar la generalización de una pluralidad de manifestaciones psíquicas que tienen en común la facultad de significar otra cosa que lo que significan inmediatamente.

Más allá del minucioso análisis del sueño de "la inyección a Irma"[19] se perfila la idea de que el sueño es un discurso disfrazado, encubierto, condensado, del cual el sujeto perdió el código, pero que descubre, a raíz de su carácter extraño, su propio secreto en un discurso claro y significante gracias al laborioso trabajo asociativo. En este caso, como en el de las otras formaciones del inconsciente, Freud interpela de entrada al sueño en referencia a un sistema de elementos significantes análogos a los elementos significantes del lenguaje. Freud nos convoca inevitablemente a ese orden del lenguaje a partir del momento en que el principio de investigación del inconsciente queda suspendido constantemente al flujo de las cadenas asociativas que, al no ser otra cosa que cadenas de pensamientos, nos conducen incesantemente a cadenas de palabras. En consecuencia, se destruyen todas las esperanzas de contentarnos con un índice de significaciones codificadas por adelantado, al estilo "llave de los sueños", para realizar el desciframiento de éstos. Aunque Freud le otorgue a los símbolos y al simbolismo de los sueños la importancia que todos sabemos, la teoría freudiana no autoriza de ninguna manera la economía de la palabra del sujeto con respecto a la revelación del inconsciente. Uno de los argumentos decisivos de Lacan en la perspectiva del *retorno a Freud* consiste en volver a situar en el primer plano del campo psicoanalítico la dimensión de esa pa--

labra. También se encuentra bosquejada esa otra idea esencial que Lacan extraerá de la teoría freudiana como una de las propiedades más importantes del inconsciente, la cual se basa en el hecho de que para un sujeto, el inconsciente no puede hacerse escuchar a través de ningún elemento significante previsible de antemano.

En el marco general de una ubicación de las ideas fundadoras del pensamiento lacaniano, también diremos que, más allá de la distinción "contenido latente-contenido manifiesto" del sueño, en Freud se perfila la intuición de que un discurso siempre dice mucho más de lo que pretende decir, comenzando por el hecho de que puede significar algo totalmente distinto de lo que se encuentra inmediatamente enunciado. Lacan desarrollará esa complejidad referencial del inconsciente en las redes del discurso hasta las últimas consecuencias, incluso hasta hacerla aparecer como una propiedad inducida indiscutiblemente por la estructura del sujeto que habla.

I
Lingüística y formaciones del inconsciente

2.

Condensación y desplazamiento
en el trabajo del sueño

Los primeros conceptos lacanianos que fundan la hipótesis
de que *el inconsciente está estructurado como un lenguaje*
pueden circunscribirse desde el inicio de la teoría freudiana del
sueño. Principalmente, si nos apoyamos en el funcionamiento de
los diversos mecanismos del proceso primario inconsciente, la
noción de *trabajo del sueño*[20] nos conduce directamente allí.

El trabajo del sueño se basa principalmente en dos tipos de
mecanismos fundamentales: la *condensación* y el *desplazamiento*.[21] Freud descubrió la presencia activa de ambos mecanismos a
través de observaciones empíricas. Esencialmente observó que,
por un lado, el "volumen" del material manifiesto y de los pensamientos latentes era diferente y, por el otro, que el sentido de los
pensamientos latentes del sueño aparecía obligatoriamente encubierto.

De ese modo, Freud llegó a distinguir muchos *casos de figuras*
de condensación. En primer lugar, la condensación por
omisión,[22] de la cual nos dio un ejemplo excelente en el análisis
del sueño de "la monografía botánica". Allí, la restitución de los
pensamientos latentes es muy incompleta en el campo del contenido manifiesto. Otro caso de condensación es el que se realiza a
través de la *fusión*, de la *superposición* del material latente. El
caso que ilustra de manera más espectacular esa forma de condensación es la elaboración de las *personas colectivas* o la creación de *neologismos* obtenidos a través de combinaciones y fu-
siones sucesivas. Por ejemplo, Irma aparece como un personaje
heteróclito que representa, ella sola, toda una serie de personas

que "fueron sacrificadas durante el trabajo de condensación".[23] Otros ejemplos son el del "Propileno" de "la inyección a Irma"[24] y el del "estilo verdaderamente Norekdal"[25] de otro sueño de Freud. En el sueño obsesivo infantil del "hombre de los lobos",[26] también encontramos un ejemplo estereotipado del proceso de condensación que se realiza en el trabajo del sueño.

Las modificaciones introducidas durante el trabajo del sueño entre el contenido de los pensamientos latentes y el material del contenido manifiesto no sólo provienen de los diversos procesos de condensación. Las ideas latentes pueden aparecer representadas en el campo del contenido manifiesto, después de haber sufrido una modificación importante que Freud llama inversión de los valores e inversión del sentido. En otras palabras, el trabajo del sueño se origina en un *desplazamiento*, proceso cuyo papel consiste esencialmente en oscurecer, en el campo del contenido manifiesto, lo que era fundamentalmente significante en los pensamientos latentes: "Esto nos lleva a pensar que, en el trabajo del sueño se manifiesta un poder psíquico que, por un lado, le hace perder intensidad a elementos de alto valor psíquico y, por el otro, gracias a la sobredeterminación, le otorga un valor mucho mayor a elementos de menor importancia de modo que éstos pueden penetrar en el sueño. A partir de eso, se puede entender la diferencia entre el texto del contenido del sueño y el de los pensamientos. En el momento de la formación del sueño, hubo transferencia y desplazamiento de las intensidades psíquicas de los diferentes elementos. Ese proceso es fundamental en el sueño. Se lo puede llamar proceso de desplazamiento".[27]

Lacan utilizará sobre todo esos elementos de la teoría freudiana del sueño (brevemente recordados aquí) para fundar y consolidar la analogía que se plantea entre el funcionamiento de los procesos inconscientes y el funcionamiento de ciertos aspectos del lenguaje. Sin embargo, esa idea fundamental de los desarrollos teóricos lacanianos sólo puede sustentarse si la referencia al lenguaje se enmarca en la perspectiva de una concepción estructural del mismo, a saber: la perspectiva que inauguró Ferdinand de Saussure sobre la que volveremos luego.

En ese sentido, hay que efectuar una incursión en el campo de los principios estructuralistas. Al menos, por dos razones. En primer lugar, porque la referencia estructuralista subyace permanentemente en las elaboraciones teóricas de Lacan hasta el punto de haberles modificado el sentido y el alcance.[28] En segundo lugar, porque el abuso del uso actual del término *estructura*, muy a menudo demuestra el desprecio por la comprensión y el alcance de un concepto extraordinariamente riguroso en sus fundamentos.

3.

La noción de estructura

La actitud estructuralista es una estrategia de promoción de inteligibilidad nueva que termina con ciertas maneras de pensar los objetos. Si bien esa modificación en el enfoque de la comprensión de los objetos fue particularmente fecunda en algunos campos, no conviene aumentarle excesivamente la eficacia.

Esa actitud abrió una serie de horizontes nuevos, tanto en el campo de las ciencias exactas como en el de las ciencias humanas, porque, en lo concerniente a elementos y objetos, puso en evidencia sistemas de relaciones que no aparecían inmediatamente entre ellos. En primer lugar, dicha actitud impone un alejamiento provisorio de cierto modo de enfoque del objeto. En particular, se trata de renunciar a cierto tipo de descripción de la naturaleza de los objetos, de las calidades y de las propiedades específicas. En cambio, lo importante consiste en tratar de descubrir relaciones, aparentemente disimuladas, que existen entre ellos o entre sus elementos.

Naturalmente, eso implica que se ponga en práctica cierta coherencia con respecto al tipo de objetos considerados. Esos objetos deben denominarse de la misma manera o pertenecer al mismo grupo. Sólo es posible hacer surgir nuevos principios de relaciones entre ellos bajo esa condición imperativa. La naturaleza de esas relaciones puede ser diversa. Pueden oponer esos objetos, distinguirlos entre ellos, transformarlos, animarlos, etc. Son sólo leyes que se establecen entre los objetos o entre sus elementos y que pueden poner en evidencia propiedades de cierto orden. Esas propiedades específicas contribuyen de ese modo a determinar una *estructura* particular con respecto al conjunto de los objetos o de los elementos considerados.

Inmediatamente, vemos cuáles pueden ser las consecuencias de esa nueva actitud epistemológica. Por un lado, eso permite renunciar al principio de análisis "compartimentalista" dentro de una disciplina dada. Por el otro, se pueden distinguir las separaciones que se instituyen arbitrariamente entre campos de estudio diferentes de una misma disciplina. Por ejemplo, el alcance de esas consecuencias se aprecia inmediatamente en matemática a causa de los compartimientos que se levantan entre el álgebra, el análisis numérico, la geometría, las probabilidades, etc.; en psicología, se abandona la división atomística del espacio psíquico; en lingüística, deja de lado la segmentación diacrónica, y así sucesivamente.

Examinemos en un ejemplo matemático la elaboración de una estructura. En el siglo XIX, el matemático Evariste Galois ideará una de las más elementales estructuras: la *estructura de grupo*. Según Bourbaki, la estructura de grupo se define así: en un conjunto G, se dice que una ley de composición interna, definida en todas partes, determina una estructura de grupo cuando es asociativa, cuando posee un elemento neutro y cuando todos los elementos G admiten un simétrico para esa ley.

Entonces, esa estructura supone no sólo que se dé un conjunto de elementos, sino también una ley que pueda actuar sobre esos elementos. Para eso, la ley debe intervenir en las siguientes condiciones:

1) En primer lugar, la composición de dos elementos del conjunto debe constituir siempre un elemento del conjunto. Por ejemplo:

$$E * E \longrightarrow E$$
$$2 + 3 = 5$$

Se trata de una *ley interna*.

2) Luego, la composición de muchos elementos debe efectuarse a partir de un lugar cualquiera de la serie:

$$(a*b)*c = a*(b*c)$$

Esta es una *ley asociativa*.

3) Uno de los elementos del conjunto debe ser neutro de modo que ese elemento neutro compuesto con cualquier elemento del conjunto le deje idéntico a sí mismo.

$\exists$ e ϵ E

e $*$ a = a

En la multiplicación ese elemento neutro es $1 : 1. \times = \times$

En la suma, el elemento neutro es $0: 0 + 4 = 4$

4) Por último, para cada elemento, debe existir otro elemento que sea su simétrico de modo que la composición de ese elemento con respecto a su simétrico sea igual al elemento neutro:

a $*$ a' = e

- $3 \times \dfrac{1}{3} = 1$

- $2 + (-2) = 0$

Esta estructura de grupo es válida cualquiera sea la naturaleza de los elementos matemáticos elegidos. Así, esos elementos pueden ser tanto números, elementos geométricos como vectores, funciones analíticas o vectoriales, etc. En esas condiciones, podemos definir entonces universos de objetos muy generales como el grupo de los enteros relativos, el grupo de las funciones afines, el grupo de las homotecias, el grupo de las similitudes, etc. Todos esos universos de objetos tienen en común una misma estructura de grupo con respecto a una ley particular que compone esos elementos entre ellos.

Más allá de ese ejemplo, es fácil captar, de manera general, el interés epistemológico que se le atribuye a la óptica estructural, la cual adhiere a una perspectiva heurística que procede por *generalización englobante.* Sin llegar a constituir una estrategia estructural propiamente dicha, el descubrimiento de las geometrías no euclidianas en el siglo XIX es un buen ejemplo de esa generalización englobante. De hecho, los trabajos contemporáneos de Bolyai, de Lobatchevsky y de Rieman ponen en evidencia sistemas geométricos más generales que la geometría de Euclides. Esos aspectos geométricos más generales no disminuyen en nada la geometría euclidiana. A lo sumo, la geometría de Euclides es un *caso particular* de un sistema geométrico más vasto que la engloba.

Cuando se dice que la actitud estructuralista procede de la misma manera en algunos aspectos, es porque induce a una generalización englobante entre las estructuras mismas. Así, existe una jerarquía de las estructuras porque algunas de ellas, las más fuertes, engloban directamente a las más débiles. De ese modo, pueden formarse vastos sistemas de formalización cuyo carácter práctico se desarrolla en la apertura de nuevos horizontes de estudios.

Para concluir, detengámonos en la siguiente definición del término "estructura" que formuló Jean Piaget: "Una estructura es un sistema de transformación que implica leyes como sistema (en oposición a las propiedades de los elementos) y que se conserva y se enriquece a través del juego mismo de esas transformaciones, sin que éstas salgan fuera de sus propias fronteras o tengan que recurrir a elementos exteriores. Una estructura tiene tres características: de totalidad, de transformación y de autocontrol."[29]

Según Piaget, la *totalidad* resultaría al mismo tiempo de la interdependencia de los elementos que componen las estructuras y del hecho de que la reunión de todos los elementos es necesariamente diferente a la suma. En cuanto a la noción de *transformación*, necesitaría leyes de composición que definan operaciones dentro de una estructura dada de modo que sean estructurantes de una realidad ya estructurada. Por último, el *autocontrol*, que es el carácter esencial de la estructura, significaría que ésta es capaz de autoconservarse. Por ejemplo, si suponemos que dos elementos de una estructura se relacionan a través de la ley de composición, el tercer elemento que resultará de esa operación, necesariamente, también estará estructurado. En otras palabras, se puede hablar de *estabilidad* del sistema.

Esa definición de la estructura es especialmente adecuada al estudio del lenguaje. De inmediato, recordaremos brevemente algunos aspectos de los trabajos de Ferdinand de Saussure que introducen los elementos de base de la articulación lacaniana del inconsciente y del lenguaje.

4.

Elementos de lingüística estructural

En lingüística, el punto de vista estructuralista apareció con la introducción de la *dimensión sincrónica* en el estudio de la lengua. Esa introducción del registro sincrónico, que le debemos a F. de Saussure, estipula que ese estudio no puede reducirse a una perspectiva puramente diacrónica, es decir, histórica. De hecho, la historia de una palabra no permite dar cuenta de su *significación presente* ya que ésta depende del *sistema* de la lengua. Ese sistema reside en una cantidad determinada de leyes de equilibrio que dependen directamente de la sincronía. Además, existe una relación fundamental entre el sentido y el signo que sólo se puede apreciar a partir del punto de vista sincrónico.

Generalmente, observamos que ese punto de vista sincrónico que introdujo F. de Saussure constituye el factor de un enfoque específicamente operativo en el campo lingüístico, en la medida en que la idea estructural de la lengua esclarecerá propiedades radicalmente nuevas. Por lo demás, la óptica original con que se enfocará la lingüística ganará otros sectores de las ciencias humanas que encontrarán en ella una renovación de excepcional fecundidad.

Lacan aplicará esa estrategia estructuralista en el campo del psicoanálisis. Introducirá en la articulación de la teoría analítica algunos principios tomados de la lingüística estructural que originarán una mutación epistemológica radical en el campo de las elucidaciones metapsicológicas.

Lacan vuelve a centrar la problemática inconsciente en una red de inteligibilidad que adhiere a los preceptos de esa lingüística a partir del "Discurso de Roma". A título de ejemplo, trans-

cribimos el siguiente pasaje que fija con gran precisión los primeros lineamientos:

"Tan sólo con retomar la obra de Freud en la *Traumdeutung*
nos damos cuenta de que el sueño tiene la estructura de una frase
o, mejor dicho, si nos atenemos estrictamente a la letra, tiene la
estructura de un enigma, es decir de una escritura de la que el
sueño infantil sería la ideografía primordial y que, en el adulto,
reproduce el empleo fonético de los elementos significantes que
también encontramos en los jeroglíficos del antiguo Egipto como
en los caracteres que aún se usan en China.

"Pero, ése sólo es el plano del desciframiento del instrumento.
Lo importante empieza en la versión del texto. Freud nos dice que
lo importante se encuentra en la elaboración del sueño, es decir, en
la *retórica* del sueño. Elipsis y pleonasmo, hipérbaton o silepsis,
regresión, repetición y oposición son los *desplazamientos sintácti-
cos* y metáfora, catacresis, antonomasia, alegoría, metonimia y si-
nécdoque las *condensaciones semánticas* en las que Freud nos enseña a leer las intenciones ostentatorias, o las demostraciones disimu-
ladoras o persuasivas, rezongonas o seductoras, *con las que el sujeto modula su discurso onírico.*"[30]

Toda esa legïón de tropos del discurso que Lacan convoca
tan elegantemente no debe prestarse para prejuzgar que el comienzo de esa analogía se agota con el discurso del sueño. Todas
las formaciones del inconsciente entrarán también sin excepción:

"En la psicopatología de la vida cotidiana, otro campo al que
Freud también le dedicó una obra, es evidente que todo acto falli-
do es un *discurso logrado* e incluso aplicado de una manera muy
linda, y que en el lapsus la mordaza gira en torno a la palabra, justo desde el cuadrante necesario para que un buen entendedor encuentre allí su salvación."[31]

Entonces, para Lacan es claro que la obra misma de Freud
permite introducir algunos conceptos de la lingüística en el
campo teórico del psicoanálisis. Si bien Lacan se dedicó a explotar completamente esa nueva veta de elaboración, ya en 1937, la
analista Ella Freeman-Sharpe, en la obra *Dream Analysis*[32] la
había intuido. Pero la obra original de Lacan consistirá en teori-
zar esa intuición llevada al rango de una hipótesis general sobre
el inconsciente. Por eso, la *analogía estructural* entre algunos
procesos del lenguaje y el dinamismo inconsciente obliga a realizar con anterioridad una incursión en el campo de la lingüística.

De hecho, la noción de estructura es importante en la obra de Lacan sólo porque se refiere constantemente a la estructura del lenguaje. En primer lugar, porque Lacan plantea dicha estructura como aquella a la que se debe remitir el inconsciente. En segundo lugar, porque el acto mismo del lenguaje hace surgir el inconsciente y el lugar donde se expresa. Principalmente, esa analogía puede aclararse en torno a dos de los principios fundamentales descritos por F. de Saussure: por un lado, la distinción radical entre significante y significado y, por el otro, la discriminación de los dos ejes del lenguaje. A tal efecto, es preciso recordar algunos de los elementos más sintéticos.

EL SIGNO LINGÜISTICO

El algoritmo estructural del lenguaje que F. de Saussure expuso a principio de siglo,[33] se sustenta, en primer lugar, en la noción del *signo lingüístico*. Para fundar la naturaleza de ese signo, F. de Saussure debió romper con algunas tradiciones de pensamiento y, en particular, con esa idea que nos hace pensar naturalmente que el signo lingüístico es el producto de la asociación de un término con una cosa. Efectivamente, el signo lingüístico no une una cosa a una palabra, sino *un concepto a una imagen acústica*. Pero, inmediatamente, el término "imagen acústica" necesita una precisión: "Lo que el signo lingüístico une no es una cosa y un nombre, sino un concepto y una imagen acústica. La imagen acústica no es el sonido material, cosa puramente física, sino *su huella psíquica, la representación* que de él nos da el testimonio de nuestros sentidos; esa imagen es sensorial, y si llegamos a llamarla 'material' es solamente en este sentido y por oposición al otro término de la asociación, el concepto, generalmente más abstracto."[34]

Es fundamental subrayar expresiones como "huella psíquica" y "representación" que prefiguran la disociación fundamental entre "el lenguaje", "la lengua" y "el habla". Así, las unidades lingüísticas, al ser entidades "psíquicas", pertenecen al registro de "la lengua" y no proceden de la palabra. Por eso, se debe considerar al "lenguaje" como el uso/articulación de una "lengua hablada" por un sujeto. Además, F. de Saussure nos recuerda que "para nosotros la lengua es el lenguaje menos la palabra".[35]

El signo lingüístico se presenta entonces como una "entidad psíquica de dos caras" en el que ambos elementos se instituyen de entrada en una *relación* de asociación. Si el signo lingüístico es ante todo una "relación", ésta, que aparentemente se encuentra fija en el sistema de la lengua, puede modificarse en la dimensión del lenguaje. Además, si bien F. de Saussure conserva el término "signo" para definir la unidad lingüística, prefiere, sin embargo, sustituir concepto por *significado* e imagen acústica por *significante*.[36] Por lo tanto, el signo es la relación entre un significado y un significante que podemos representar de la siguiente manera, según el modelo del esquema de Saussure:

Esa relación, que se presenta como una relación de oposición que separa los elementos entre ellos, anuncia una propiedad del signo que Lacan llamará *la autonomía del significante con respecto al* significado, la cual sólo es posible cuando significante y significado no tienen una relación fija.

Si consideramos el signo lingüístico como el elemento fundamental del sistema de la lengua y si hacemos un examen somero de su funcionamiento en el sistema, aparecerán inmediatamente algunas propiedades que pueden parecer contradictorias. Esas propiedades, que examinaremos sucesivamente, son las siguientes: a) *lo arbitrario del signo;* b) *la inmutabilidad del signo;* c) *la alteración del signo;* d) *el carácter lineal del significante.*[37]

LO ARBITRARIO DEL SIGNO

Lo arbitrario del signo se manifiesta en el campo mismo de la asociación del significante y del significado. De hecho, entre un concepto y la imagen acústica que lo representa no existe ningún lazo necesario que los una. Prueba de ello es el hecho de que, en cada lengua, varía la imagen acústica de un mismo significado. Sin embargo, lo arbitrario del signo no significa que éste tenga un carácter aleatorio. Lo arbitrario sólo es válido para el conjunto de una comunidad lingüística dada: "La palabra arbitrario no debe dar idea de que el significante depende de la libre elección del hablante. (...) Queremos decir que es inmotivado, es decir, arbitrario con relación al significado, con el cual no guarda en la realidad ningún lazo natural."[38]

Observaciones clínicas

Podemos hacer algunas *observaciones clínicas* sobre el aspecto arbitrario del signo. El problema del carácter aleatorio del signo lingüístico se plantea en la clínica tanto en el campo de algunos *lenguajes delirantes* como en las *glosolalias* psicopatológicas, por citar sólo dos ejemplos.

Principalmente en los esquizofrénicos (y también en algunos otros) encontramos trastornos muy profundos del lenguaje en el que, aparentemente, la estructuración delirante de la elocución interpela, precisamente, la diferencia que existe entre el carácter arbitrario y el carácter aleatorio del signo. Sin perder de vista la enseñanza freudiana que nos explica que, en la esquizofrenia, las "representaciones de palabras" funcionan como "representaciones de cosas",[39] la enseñanza de Saussure permite elucidar, a partir de la noción de signo lingüístico, el alcance de la posibilidad de asociación aleatoria del significado con el significante, es decir, ese mecanismo de desligamiento del significante y del significado que conducirá a Lacan a hablar de *desencadenamiento del significante*. Lo que puede aparecer como "desencadenamiento del significante" es el efecto de una alteración específica del uso del signo lingüístico que sería, como lo señala F. de Saussure, el momento en que "el significante depende de la libre elección del hablante".[40]

En uno de sus trabajos titulado "A la recherche des principes d'une psychothérapie des psychoses",[41] S. Leclaire describió notablemente esa propiedad aleatoria de la elaboración y del uso del signo lingüístico. S. Leclaire nos muestra que hay dos procesos que pueden intervenir en esa alteración del signo: un significado puede encontrarse asociado a cualquier significante o, inversamente, un significante puede encontrarse asociado a cualquier significado:

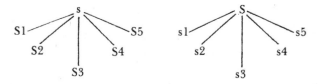

En ambos casos, tenemos un arbitrario del signo estrictamente individual, estrictamente subjetivo que ya no es un arbitrario propio de una comunidad lingüística. Como, en este caso, se trata de lo arbitrario propio y puntual de un sujeto, la asociación significado/significante puede considerarse como totalmente sometida a las posibilidades de combinaciones aleatorias. Aunque haya que interrogarse seriamente sobre la sobredeterminación inconsciente del material significante que se combina así, gran parte de la reflexión de Lacan responde precisamente a esa preocupación.

En lo que concierne a ese aspecto de los trastornos psicopatológicos del lenguaje que se designan con el nombre de *glosolalias,* la incidencia del proceso inconsciente en la alteración del signo lingüístico se manifiesta allí perfectamente, más allá del carácter aparentemente aleatorio de las asociaciones significantes/significados.[42]

Podemos definir brevemente la glosolalia como la aptitud para inventar y hablar lenguajes nuevos, estrictamente incomprensibles para todos salvo para el que los habla. En esas construcciones lingüísticas originales ya puede observarse que existe una estructura sintáctica más o menos rudimentaria, la cual tiene la característica de ser casi siempre análoga a la de la lengua materna del glosólalo. En algunos casos, esos lenguajes relativamente estructurados se fijan y se enriquecen poco a poco. Pero esa estabilidad se debe esencialmente a cierta fijeza en la asociación del significante y el significado. Sin embargo, esa asociación significado/significante no es, de ninguna manera, el resultado de un arbitrario que el uso de una comunidad lingüística establece y acepta convencionalmente. En la glosolalia, ese proceso de asociación es aleatorio pero *extemporáneo.* El signo surge como a espaldas del sujeto de tal modo que, incluso, se puede decir que éste se siente alucinado por el producto de sus propias invenciones lingüísticas. Esas asociaciones significados/significantes, a tal punto parecen construirse a pesar del sujeto que él mismo es el primero en asombrarse de ello.

Se trata de una elaboración de signos lingüísticos diferente a la que interviene en algunos lenguajes delirantes. En particular, no hay una verdadera dispersión y asociación puramente aleatoria entre significados y significantes y entre significantes y significados. En esa cristalización significante, el significante, completamente liberado, se ordena rompiendo con las oposiciones fonemáticas habitualmente codificadas en las lenguas usuales. Sin embargo, el carácter aleatorio de tales asociaciones merece examinarse a la luz de los principios más comunes del psicoanálisis.

De ese modo, nos vemos obligados a pensar que la invención del significante —que es obligatorio en la glosolalia— como la relación que éste mantiene con el significado sólo es superficialmente aleatorio. De hecho, el fenómeno glosolálico es el resultado de un efecto de captura significante en la medida en que la estructuración del signo parece estar completamente sometida al proceso primario inconsciente. Esa incidencia es tan evidente en algunos casos que las producciones neológicas que resultan de los efectos subversivos de la "condensación" y del "desplazamiento" pueden considerarse como verdaderas vías significantes del inconsciente, para adherir de ese modo a la tesis lacaniana que sostiene que *el inconsciente está estructurado como un lenguaje.*

LA INMUTABILIDAD DEL SIGNO

Acabamos de ver que la arbitrariedad intrínseca del signo se debe al hecho de que el significante se elige libremente con respecto a la idea que él representa. Sin embargo, una vez elegido, ese significante se impone a la comunidad lingüística, a la "masa de los hablantes", según la expresión de Saussure. El significante es *inmutable* en ese sentido. Por eso, hay que admitir que, de cierta manera, lo arbitrario del signo origina el sometimiento de una comunidad lingüística a la lengua, como lo señala F. de Saussure: "No solamente es verdad que, de proponérselo, un individuo sería incapaz de modificar en un ápice la elección ya hecha, sino que la masa misma no puede ejercer su soberanía sobre una sola palabra; la masa está atada a la lengua tal cual es."[43]

Eso muestra hasta qué punto un hablante se encuentra sometido a la lengua dado que todo sucede como si la lengua tuviera cierta fijeza a causa del consenso que la comunidad lingüística adopta con respecto a ella. A través de esa convención arbitraria del signo, la comunidad lingüística instala necesariamente ese signo en una tradición, es decir, en el tiempo. Además, como lo subraya F. de Saussure, en esa implicación está el germen aparente de una contradicción: "Hay un vínculo entre esos dos factores antinómicos: la convención arbitraria, en virtud de la cual es libre la elección, y el tiempo, gracias al cual la elección se halla ya fijada. Precisamente porque el signo es arbitrario no conoce otra ley que la de la tradición, y precisamente por fundarse en la tradición puede ser arbitrario."[44]

Pero, paradojalmente, hay que admitir que la dimensión del tiempo también terminará imponiéndole al signo *alguna alteración*.

LA ALTERACION DEL SIGNO

La alteración del signo es el hecho de la práctica social de la lengua a lo largo del tiempo. Si el signo lingüístico perdura porque es inmutable, precisamente puede alterarse porque perdura en el tiempo. Por eso, nos encontramos ante una relación de reciprocidad contradictoria entre la inmutabilidad y la mutabilidad.

Esa alteración del signo se realiza al mismo tiempo a nivel del significante como del significado. Con respecto al significante, se trata sobre todo de una alteración fonética, mientras que con respecto al significado se trata de una alteración del concepto como tal. En otras palabras, la alteración del significado es coextensiva en una modificación de la comprensión y de la extensión del concepto. Desde un punto de vista general, la alteración del signo depende siempre del orden de un *desplazamiento de la relación entre el significado y el significante*.[45]

EL CARACTER LINEAL DEL SIGNIFICANTE

Si la alteración del signo está directamente vinculada a la práctica de la lengua en el tiempo, la influencia del factor tiempo es intrínsecamente dependiente de la naturaleza del significante. El significante ya es una cadena fonemática que se desarrolla en el tiempo. La palabra, es decir, la articulación, no es otra cosa que el acto mismo que realiza ese desarrollo temporal del significante. Esa extensión "temporal" del significante es la que origina una propiedad fundamental de la lengua. Efectivamente, la lengua se desarrolla en una dirección orientada que se llama *eje de las oposiciones* o *eje sintagmático*. Lacan llama *cadena significante* a esta cadena orientada en la organización significante.

A partir del momento en que se produce la cadena significante, aparece otra propiedad fundamental de la estructura lingüística. De hecho, la lengua está estructurada porque se funda en un conjunto de elementos dados: los signos. Pero si sólo dispusiéramos de signos lingüísticos no tendríamos un sistema estructural. Tendríamos sólo un léxico. La lengua es una estructura porque además de los elementos presupone leyes que gobiernan esos elementos entre ellos. Esas leyes intervienen a partir del momento en que abordamos el "carácter lineal del significante". En efecto, la cadena significante plantea dos problemas específicos: por un lado, el problema de las concatenaciones significativas y, por el otro, la cuestión de las sustituciones que pueden intervenir en esos elementos significativos. En cada lengua, ambos problemas se confirman a través de leyes internas de naturaleza diferente según gobiernen las concatenaciones o las sustituciones. Por eso, la lengua puede analizarse según dos dimensiones a las que se vinculan propiedades específicas: la *dimensión sintagmática* y la *dimensión paradigmática*.

LOS DOS EJES DEL LENGUAJE

La segunda innovación fundamental realizada por Saussure, después de la del signo lingüístico, es la distinción de una doble división del sistema del lenguaje.

Consideramos que es más pertinente seguir las líneas directrices de los trabajos de Jakobson[46] a raíz de la manera en que Lacan usó esa innovación.

Hablar significa efectuar dos series de operaciones simultáneas: por un lado, *seleccionar* cierta cantidad de unidades lingüísticas en el léxico y, por el otro, *combinar* entre sí las unidades lingüísticas elegidas. De ese modo, se realiza una división del lenguaje según dos direcciones: la de las selecciones y la de las combinaciones.

La *selección* que presupone la elección de un término entre otros implica entonces una posibilidad de sustitución de los términos entre sí. La *combinación*, por su parte, implica cierto tipo de articulación de las unidades lingüísticas, empezando por la configuración de cierto orden de las unidades de significación. Podemos representar esquemáticamente ese orden a través de la siguiente progresión de complejidad creciente:

Fonema———————→ monema ———————→ palabra ———→ frase
(la más pe-   (unidad de sig-
queña unidad   nificación ele-
de la cadena   mental)
hablada
desprovista de
sentido)

La combinación que concierne a los vínculos de concatenación de las unidades lingüísticas entre sí se funda entonces en *una relación de contigüidad* de los elementos significativos entre sí.

Desde un punto de vista general, se pueden definir dos ejes que dividen el lenguaje en su totalidad según *el plano de la selección (eje paradigmático)* y según *el plano de la combinación (eje sintagmático).* Así, identificamos inmediatamente la distinción en la que insiste F. de Saussure entre la lengua y el habla. Aunque ambas dimensiones participen del lenguaje, cada una de ellas opera según uno de los dos ejes. El eje de las selecciones concierne el sistema de la lengua como elección lexical. El sistema de las combinaciones concierne al habla como uso de los términos lexicales elegidos. Esa es una de las razones que lleva a Jakobson a estudiar el sistema del lenguaje según las asociaciones de *similitud* o de *contigüidad* de los términos. Por otra parte, los estudios de Jakobson sobre la afasia conducen a esa conclusión.[47]

Jakobson identifica dos tipos de afasia que pueden distinguirse cuando los procesos de "selección" o de "combinación" se deterioran. Cuando el deterioro se produce a nivel de la elección del léxico (selección), el afásico encuentra difícilmente las palabras. Por eso, a menudo usa en lugar de la palabra buscada otra que se encuentra en relación de *contigüidad* con ella. Inversamente, cuando se deteriora la articulación de los términos léxicos (combinación), el afásico procede entonces por *similitud*. Esos dos síndromes patológicos ponen en evidencia una propiedad específica del discurso. El discurso se desarrolla efectivamente según dos tipos de operaciones: las *operaciones metafóricas* (eje de las selecciones) y las *operaciones metonímicas* (eje de las combinaciones). "El desarrollo de un discurso puede hacerse a lo largo de dos líneas semánticas diferentes: un tema lleva a otro, ya sea por similitud o por contigüidad. Indudablemente, sería mejor hablar de proceso metafórico en el primer caso y de proceso metonímico en el segundo, ya que es en la metáfora y en la metonimia donde ellos encuentran su expresión más condensada."[48]

Resumiremos los diferentes aspectos de la división del lenguaje a través del siguiente esquema:

Eje sintagmático
eje del habla

Combinación - Contigüidad - Metonimia

Eje paradigmático
eje de la lengua

Selección - Similitud - Metáfora

Los ateos de hoy en día no valen nada comparados con los de antes (Voltaire).
Los mentirosos de hoy en día no valen nada comparados con los de antes.
Los dentistas de hoy en día valen tanto como los de antes.

44

El signo lingüístico y la división del lenguaje según dos ejes nos llevan a examinar dos propiedades del lenguaje que nos introducirán directamente en algunos puntos fundamentales de la teoría lacaniana. Esas propiedades son respectivamente las siguientes: a) *el valor del signo;* b) *las construcciones metafóricas y metonímicas.* El concepto de valor del signo que extrajo F. de Saussure nos servirá para abordar la noción lacaniana de la *puntada.* Del mismo modo, la metáfora y la metonimia nos llevan a la idea fundamental de Lacan que consiste en la *supremacía del significante* y a sus consecuencias con respecto a las *formaciones del inconsciente.*

5.

El valor del signo lingüístico
y la puntada en Lacan

Si "la entidad lingüística sólo existe a raíz de la asociación
del significante y del significado",[49] esa entidad se determina sólo cuando se delimita. Por otra parte, el problema de la delimitación plantea, entre otras cosas, la delicada cuestión de la enunciación que, con Lacan, se convertirá en el eje del psicoanálisis a
tal punto que, como lo veremos luego, Lacan asimilará el "sujeto
del inconsciente", el "sujeto del deseo" al "sujeto de la enunciación".

Al igual que F. de Saussure, se podría pensar que la cadena
hablada es una doble cadena compuesta por la cadena de los
conceptos y la de las imágenes acústicas, de tal modo que a toda delimitación introducida en la cadena de las imágnes acústicas correspondería una delimitación subsecuente en la cadena de los conceptos. Ese es el sentido del siguiente esquema
saussuriano:[50]

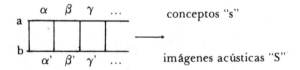

Dentro de esta perspectiva, se podría pensar que siempre es
posible delimitar *elementos significativos* cuando se los toma
aisladamente. Por ejemplo, bastaría con aceptar el principio de
una correspondencia bi-unívoca ($\alpha \to \alpha'$; $\beta \to \beta'$; $\gamma \to \gamma'$;...)

entre significantes y significados para confirmar la idea de tal delimitación. Por lo demás, lo que conduce a esa idea es la noción misma de signo lingüístico. Como sabemos que hay cierta fijeza entre significado y significante, podemos imaginar que en una cadena hablada, cada vez que encontramos un significante S1, éste se vincula necesariamente a un significado s1, lo cual nos garantiza una significación Sign. 1. Eso querría decir que la significación se daría y garantizaría totalmente cuando un signo lingüístico esté aislado de la cadena. Sin embargo, no es así, puesto que una imagen acústica dada no permite tener una significación dada cuando el signo está aislado de los otros signos.

Retomemos el ejemplo de F. de Saussure. Dos significados posibles pueden encontrarse vinculados en una misma imagen acústica articulada, lo cual induce a dos significaciones diferentes:

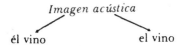

Imagen acústica

él vino   el vino

Así, a esa imagen acústica le pertenecen dos signos lingüísticos distintos cuyas significaciones sólo pueden circunscribirse a partir del contexto de la cadena hablada. Por lo tanto, la delimitación del signo es coextensiva a la delimitación de la significación. De allí surge el principio de delimitación del signo que preconiza F. de Saussure: "Para asegurarse de que se trata, efectivamente, de una unidad, es necesario que al comparar una serie de frases donde se encuentra la misma unidad, se la pueda separar del resto del contexto en cada caso y se pueda comprobar que el sentido autoriza esa delimitación."[51]

Decir que el contexto delimita el signo significa decir que el signo sólo es signo en función del contexto. Ese contexto es un conjunto de otros signos. Por lo tanto, la realidad del signo lingüístico sólo existe en función de todos los otros signos. Esa propiedad es lo que F. de Saussure llama el *valor del signo*. El "valor" es lo que permite que un fragmento acústico sea real y concreto, que se lo delimite y tenga sentido, es decir que sea signo lingüístico. Por eso, como lo subraya F. de Saussure, podemos decir que "en una lengua cada término tiene su propio valor en oposición con todos

47

los otros términos",⁵² del mismo modo que en el ajedrez "el valor respectivo de las piezas depende de la posición que tengan en el tablero."⁵² Además, en la lengua como en el ajedrez el valor de los términos como el de las piezas depende de las reglas que se establecen de una vez para siempre.

Con la noción de "valor" llegamos al nudo de una de las justificaciones más pertinentes del sistema del lenguaje como *sistema estructural*. Los signos lingüísticos son significativos no sólo por el contenido sino también, y sobre todo, por las relaciones de oposición que mantienen entre ellos en la cadena hablada.⁵² Por eso, en última instancia, el sistema les da una identidad significativa. El lenguaje surge como una serie de divisiones que se introducen simultáneamente en un flujo de pensamientos y en un flujo fónico, de modo que si "la lengua elabora las unidades al constituirse entre dos masas amorfas",⁵³ el signo lingüístico corresponde a una articulación de ambas masas amorfas entre sí: una idea se fija en un sonido al mismo tiempo que una secuencia fónica se constituye como significante de una idea. De allí, la célebre metáfora de F. de Saussure: "La lengua es como una hoja de papel. El pensamiento es el anverso y el sonido es el reverso. No se puede cortar el anverso sin cortar el reverso. Del mismo modo, en la lengua no se puede aislar el sonido del pensamiento ni el pensamiento del sonido."⁵⁴

En conclusión, podemos pensar entonces que la lengua es prioritariamente un sistema de diferencias de elementos y un sistema de oposiciones de elementos. Todo sucede como si la estructura del signo lingüístico procediese de un *"corte"* que intervendría en el flujo de los sonidos y de los pensamientos: "si se toma el significado o el significante, la lengua no contiene ni ideas ni sonidos que preexistirían al sistema lingüístico, sino solamente diferencias fónicas y diferencias conceptuales salidas de ese sistema."⁵⁵

Si el significante nace de ese corte, no hay "flujo de significantes" propiamente dicho. La intervención del corte permite que surja el significante al mismo tiempo que lo asocia a un concepto. Por eso, el surgimiento del significante es indisociable de la gestación del signo lingüístico en su totalidad.

Lacan introducirá algunas modificaciones con respecto a las tesis de Saussure.⁵⁶ Por un lado, el flujo de los pensamientos y el flujo de los sonidos se convocarán de entrada como flujo de

significados y flujo de significantes; por el otro, en la escritura lacaniana se invertirá el esquema del signo lingüístico:

$$\frac{S}{s}$$

En esas condiciones, Lacan reformula el problema como la
relación que se establece entre un flujo de significantes y un flujo
de significados. Esa relación también será objeto de una importante modificación con respecto a los análisis de Saussure. Para
Lacan, ya no se trata de adherir a la idea de un "corte" que uni-
ría el significante al significado al mismo tiempo que los determina a ambos, sino de introducir esa delimitación con respecto a
un concepto original que él llama *puntada*. La experiencia psicoanalítica que nos muestra que la relación entre el significante
y el significado es, como lo dice Lacan, "siempre fluida y a punto
de deshacerse"[57] genera directamente esa innovación. Además,
el fundamento mismo de la experiencia psicótica, donde aparentemente falta ese tipo de anudamiento, consolida la delimitación
lacaniana a través de la *puntada*.

Debemos hacer una observación preliminar con respecto a
la *puntada*. Ese concepto, que toma valor de la "delimitación"
de la cual habla F. de Saussure, adquiere su acepción plena e in-
tegral en Lacan sólo cuando se lo remite al registro del deseo. De
hecho, la *puntada* es el constituyente elemental del *grafo del deseo*. Lacan elabora ese grafo en dos seminarios sucesivos:
"Les Formations de l'inconscient" (1957-1958) y "Le Désir et
son interprétation" (1958-1959).[58] Las elaboraciones teóricas
que Lacan desarrolla en esos dos seminarios encontrarán su
expresión más acabada en un escrito titulado: "Subversion du
sujet et dialectique du désir" (1960).[59] Pero ya desde el año 1956,
Lacan lanza la noción de *puntada*,[60] en la perspectiva deliberadamente abierta de dialectizar los límites planteados por la
correspondencia saussuriana entre el flujo significante y el flujo
significado, a favor de una explicación más adecuada que se ba-
saría en la enseñanza extraída de la experiencia analítica.[61]

Para Lacan, la *puntada* es ante todo la operación a través
de la cual "el significante detiene el deslizamiento de la significación que, de otro modo, sería indefinido."[62] En otras palabras, es el hecho por el cual el significante se asocia al significado en la cadena del discurso. Retomamos a continuación la
representación gráfica:

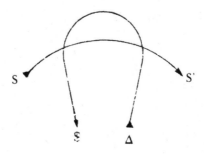

En el esquema[63] que acabamos de presentar, el vector $\overrightarrow{\Delta S}$ representa la *puntada* que "engancha" en dos puntos la cadena significante SS'. Encontramos cierta analogía con el *corte* de F. a través de una serie de cortes simultáneos $\frac{\alpha}{\alpha'} ; \frac{\beta}{\beta'} ; \frac{\gamma}{\gamma'}$. Pero, con Lacan, la delimitación de la significación se circunscribe de entrada en el conjunto de la secuencia hablada y no en unidades elementales sucesivas:

> "Hay que buscar la función diacrónica de esta puntada en la frase, aunque la significación sólo se redondee con el último término, ya que cada término se anticipa en la construcción de todos los otros e, inversamente, logra completar el sentido a través de su propio efecto retroactivo".[65]

Allí identificamos una referencia directa al problema del valor del signo que analizó F. de Saussure. El signo sólo es significativo en la relación de oposición que mantiene con los otros signos de la secuencia hablada. Al igual que Lacan, podemos decir entonces que tiene sentido *retroactivamente* en la medida en que la significación de un mensaje sobreviene sólo al término de la articulación significante misma. Esta dimensión retroactiva del sentido se materializa en el esquema de la *puntada* a través del sentido *retrógrado* del vector $\overrightarrow{\Delta S}$. En otras palabras, la *puntada* detiene el deslizamiento de la significación en la dimensión del *a posteriori*. La ambigüedad del problema de la enunciación se debe, en gran parte, a esa delimitación de la significación en el "a posteriori" de la articulación.

El desarrollo de la articulación significante en la secuencia hablada necesita por lo tanto que examinemos las consecuencias

en el nivel mismo de ambas líneas semánticas, es decir, la metáfora y la metonimia que orientan el proceso del lenguaje en la dirección paradigmática y en la dirección sintagmática.

6.

Metáfora-metonimia y supremacía del significante

A partir de la noción de *puntada* se puede avanzar un paso más en la introducción de la referencia lingüística que se encuentra en la base de las construcciones psicoanalíticas lacanianas. Esa avanzada en lo que finalmente se convertirá en la "lógica del significante", se esboza con el análisis de los *procesos metafóricos y metonímicos* en el discurso del sujeto como otros testimonios inevitables del *carácter primordial del significante*.

Algunos puntos de referencia cronológicos nos ayudarán a seguir la evolución del pensamiento de Lacan sobre la asimilación de los mecanismos inconscientes a los mecanismos del lenguaje. Lacan introduce las primeras referencias *explícitas* de la *metáfora* y de la *metonimia* en la reflexión magistral que realiza en el seminario *Les Psychoses*[66] sobre el caso del presidente Schreber.[67] También encontramos algunas alusiones en el seminario "La Relation d'objet",[68] efectuado durante 1956-1957, especialmente durante la sesión del 8 de mayo de 1957.

El análisis del caso del presidente Schreber condujo a Lacan a extraer la siguiente conclusión: lo que sucede en el delirio es una especie de invasión progresiva del significante en el sentido de que el significante se liberaría poco a poco del significado.[69] Igualmente, el estudio del mecanismo metafórico que pone en evidencia el *carácter primordial del significante* con respecto al significado refuerza esa conclusión, es decir que encontramos allí dos argumentos que le permiten a Lacan lanzar la tesis de la *supremacía del significante* como el mejor camino que permite volver a la verdadera experiencia freudiana. Lacan simbolizará de dos maneras la supremacía del significante sobre el significa-

do. En primer lugar, invierte el algoritmo de Saussure corres-
pondiente al signo lingüístico y, en segundo término, esquematiza la escritura del significante a través de una "S" mayúscula:

$$\frac{S}{s}$$

Con la letra "S" se indica la función primordial del significante del cual Lacan mostrará, a partir de la experiencia analítica, la supremacía en el discurso del sujeto e, incluso, la supremacía en el sujeto mismo. Prueba de ello es el papel crucial que de-
sempeñan las funciones metafórica y metonímica en la formación de los procesos inconscientes, sobre todo en los procesos
neuróticos y psicóticos como nos lo indica el sentido mismo del
descubrimiento freudiano:

> "Normalmente, siempre llevamos el significado al primer pla-
> no de nuestro análisis porque es lo más atrayente y porque a prime-
> ra vista es lo que se nos presenta como la dimensión propia de la in-
> vestigación simbólica del psicoanálisis. Pero, al desconocer el papel
> de mediador primordial que desempeña el significante y que, en
> realidad, se trata del elemento-guía, no sólo desequilibramos la
> comprensión original de los fenómenos neuróticos, y hasta la in-
> terpretación de los sueños, sino que nos volvemos absolutamente
> incapaces de entender lo que pasa en las psicosis.[70]
> "La oposición de la metáfora y de la metonimia es fundamen-
> tal ya que lo que Freud puso originariamente en el primer plano de
> los mecanismos de la neurosis, como en el de los fenómenos margi-
> nales de la vida normal o del sueño, no es ni la dimensión metafóri-
> ca ni la identificación, sino lo contrario. Desde un punto de vista
> general, lo que Freud llama condensación es lo que en retórica se
> llama metáfora y lo que él llama desplazamiento es lo que en retó-
> rica se llama metonimia. La estructuración y la existencia lexical
> del conjunto del plano significante son muy importantes para los
> fenómenos presentes en la neurosis ya que el significante es el ins-
> trumento con el que se expresa el significado que desapareció. Por
> esa razón, cuando volvemos a centrar la atención en el significante,
> regresamos al punto de partida del descubrimiento freudiano."[71]

En estos elementos de reflexión que Lacan lanzó se coligen los
principales puntos de la argumentación teórica que justifica la
tesis de *la estructuración del inconsciente como un lenguaje,* ya
sea en el caso de la supremacía del significante como lo demuestran los mecanismos metafóricos y metonímicos, o en el de
la asimilación de esos mecanismos al funcionamiento del proceso

primario (condensación/desplazamiento), o bien en el de la extensión de dichos mecanismos a la configuración de las formaciones del inconsciente. Esos diferentes puntos fundamentales deben abordarse detalladamente, comenzando por el problema de la *metáfora* y por el "Seminario de la carta robada" donde Lacan nos ilustra sobre el tema de la *supremacía del significante*.

EL PROCESO METAFORICO

Se clasifica tradicionalmente a la metáfora dentro de los tropos del discurso como una figura de estilo que se funda en relaciones de similaridad y de sustitución. Así, es un mecanismo del lenguaje que tiene lugar sobre el eje sincrónico (paradigmático), es decir sobre el eje del léxico o de la lengua. Por lo demás, es un proceso de enriquecimiento del léxico, como lo muestra el hecho de que una gran cantidad de "sentidos figurados" no son más que antiguas metáforas.

El principio de la metáfora consiste en designar algo a través del nombre de otra cosa. Se trata, entonces, en el verdadero sentido del término, de una *sustitución significante* como lo dice Lacan. En la medida en que la metáfora muestra que los significados sacan su propia coherencia de la red de los significantes, el carácter de esa sustitución significante demuestra la autonomía del *significante con respecto al significado* y, por consiguiente, *la supremacía del significante*.

Examinaremos a continuación un ejemplo de circunstancia: el uso metafórico del término "peste" para designar al psicoanálisis.

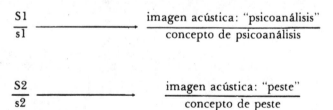

$$\frac{S1}{s1} \longrightarrow \frac{\text{imagen acústica: "psicoanálisis"}}{\text{concepto de psicoanálisis}}$$

$$\frac{S2}{s2} \longrightarrow \frac{\text{imagen acústica: "peste"}}{\text{concepto de peste}}$$

Cuando se introduce la figura metafórica, se efectúa una sustitución significante que consistirá en sustituir S1 por S2.

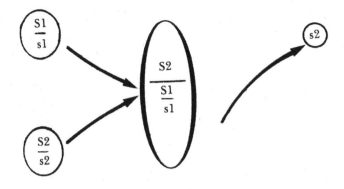

La sustitución de S1 por S2 hace pasar $\frac{S1}{s1}$ bajo la barra de significación. Parecería que el signo $\frac{S1}{s1}$ se convierte en el nuevo significado de S2. De hecho, la significación que resulta de la asociación originaria de S1 con s1 es la que actúa como significado al final de la construcción metafórica. Por el contrario, el significado s2 (idea de la enfermedad) se encuentra expulsado. Hay que realizar una operación mental para volverlo a encontrar.

Sobre ese punto debemos hacer una observación que nos lleva al carácter aleatorio del signo. Es inevitable que en la metáfora el significado que se asocia al significante sustituto (S2) sea él mismo un signo $\frac{S1}{s1}$. Efectivamente, si el proceso de sustitución significante consistiese simplemente en una permuta de significante, tendríamos un nuevo signo y no una metáfora. En efecto, tendríamos $\frac{S2}{s2}$ que sería un nuevo término léxico. Esa circunstancia nos conduciría entonces a esos casos de figuras que nombramos[72] anteriormente donde un mismo significante (S2) podría encontrarse asociado a cualquier significado (s2, luego s1). En ese caso, se trataría de una asociación aleatoria del significante al significado.

En la red de los significantes de la secuencia hablada donde se ubica la metáfora, $\frac{S1}{s1}$ se encuentra inmediatamente asociado como significado, lo cual pone en evidencia una propiedad específica del lenguaje que es la siguiente: la cadena de los significantes gobierna el conjunto de los significados. Inversamente, los significados sacan su propia coherencia de la red de los significantes. En esas condiciones, la "lengua" gobierna el "habla", lo que constituye la prueba manifiesta a favor de la *supremacía del significante*.

Lacan[73] utilizó magistralmente el cuento "La carta robada" de E. Poe para ejemplificar el principio de esa *supremacía del significante*. Para tener en cuenta sólo los episodios principales, recordaremos que en el cuento de E. Poe hay una serie de personajes que se mueven activamente en torno a una carta cuya circulación constituye la situación más atractiva de la historia.

En un primer momento, la reina esconde apresuradamente una carta que acaba de recibir cuando llegan el rey y el ministro porque teme que descubran ciertas informaciones que podrían menoscabar su honor personal. Sin embargo, esa actitud no escapa a la sagacidad del ministro que capta el motivo de la confusión de la reina. Entonces, saca del bolsillo del abrigo una carta aparentemente similar, simula leerla de manera ostensible y la sustituye por la de la reina que queda en su poder. La reina, que observa alarmada ese reemplazo, no atina a hacer nada para no llamar la atención del rey. Al final de esa primera escena, la reina sabe que el ministro se adueñó de la carta y el ministro sabe que la reina lo sabe.

En la segunda escena, entra en acción Dupin, un nuevo personaje. Por orden del jefe de policía, Dupin visita al ministro con el propósito de encontrar allí la carta. El ministro, que sospecha el motivo por el cual Dupin va a visitarlo, lo recibe como si no supiese nada. Durante la inspección, Dupin encuentra un papel arrugado que había sido dejado negligentemente ante la vista de todos. Como supone que se trata de la carta que busca, la cual fue dejada allí para que pasase desapercibida, se retira y deja a propósito la tabaquera en la casa del ministro.

Con el pretexto de recuperar la tabaquera, al día siguiente Dupin vuelve a lo del ministro con un facsímil que imita perfectamente la carta arrugada. Gracias a un incidente que distrae la atención del ministro por un instante, sustituye el papel arrugado por el facsímil y se retira.

El segundo cuadro pone en escena una estrategia de cambio inversa a la precedente. Dupin tiene en su poder la carta y el ministro tan sólo un documento falso. Sin embargo, el ministro no sabe que le robaron la carta mientras que la reina lo sabe.

La interpretación de Lacan del cuento de E. Poe es transparente. Si consideramos que la carta cumple la función de significante y el contenido de significado, entendemos en qué consiste la supremacía del significante sobre el sujeto. De hecho, en las distintas escenas se ve claramente que el juego de las sustituciones sucesivas de la carta sirve para engañar a los personajes. El rey fue engañado en la medida en que no vio nada. Por el contrario, la reina vio pero no pudo hacer nada. Por último, el ministro ni vio ni supo que Dupin le había robado la carta.

Todos los sujetos, uno por uno, se movilizaron detrás de la circulación de la carta. Dado el carácter singular de esa interpelación, Lacan pone claramente en evidencia el poder que tiene el significante de movilizar al sujeto. Efectivamente, esa carta cumple la función de significante ya que los personajes no conocen el contenido (significado). Además, es evidente que ese significante único circula no sólo ante el mutismo de unos, sino también ante la ceguera de otros. No hay un ejemplo metafórico mejor que pueda llevarnos a la dimensión del inconsciente y de su proceso de aparición, es decir, algo que esté siempre allí pero, al mismo tiempo, también en otra parte. El devenir de esa carta/significante que tiene muchos sustitutos durante su trayecto también nos remite al campo del lenguaje y al de los mecanismos de sustituciones significantes. Por último, la siguiente analogía: cada personaje cuya acción se determina con respecto a la carta nos conduce a la posición del sujeto que, sin saberlo, se moviliza a causa de los significantes del lenguaje en relación con el inconsciente.

La supremacía del significante se traduce entonces de manera electiva en un *dominio del sujeto a través del significante* que lo predetermina, incluso allí donde el sujeto cree sustraerse a toda determinación de un lenguaje que cree dominar. Esa es una de las propiedades fundamentales que cimenta la relación del sujeto con su propio discurso. Además, podemos considerarla el fundamento mismo de la noción lacaniana del "ser hablante" (*parlêtre*).

Podemos extraer las siguientes conclusiones de ese análisis del proceso metafórico:

1) El proceso metafórico produce sentido en la medida en que se apoya en la autonomía del significante con respecto al significado. Allí encontramos la explicación de la siguiente fórmula de Lacan:

"La metáfora tiene lugar precisamente allí donde el sentido se produce en el no sentido."[74]

2) La metáfora, en el principio mismo de su construcción, da testimonio del carácter primordial del significante dado que quien gobierna la red de los significados es la cadena de los significantes.

3) El carácter primordial del significante se ejerce no sólo con respecto al significado, sino también con respecto al sujeto a quien predetermina sin que el sujeto lo sepa.

Esos tres puntos se corroborarán ampliamente a través del análisis del proceso metonímico que duplica esos efectos.

EL PROCESO METONIMICO

Etimológicamente, el término "metonimia" significa: cambio de nombre *(metonomia)*. Esta figura de estilo del lenguaje se elabora según un proceso de *transferencia de denominación*, mediante el cual un objeto es designado por un término diferente del que habitualmente le es propio. Pero esta transferencia de denominación de un término a otro sólo es posible si existen ciertos vínculos entre los dos. Tradicionalmente esos lazos particulares se especifican de acuerdo con las siguientes modalidades. Los dos términos pueden estar vinculados por una relación de materia a objeto o de continente a contenido, como por ejemplo: "Beber una copa" o "Los cobres de una orquesta". También puede tratarse de una relación de la parte con el todo: "Una vela en el horizonte", o, finalmente, una relación de causa a efecto: "La cosecha" (que no sólo designa la acción de cosechar sino también el efecto de esa acción).

Analicemos la construcción de una expresión metonímica de moda: "tener un diván", utilizada corrientemente para significar "estar en análisis, analizarse" (en un diván). Aquí el término "diván" está metonímicamente delegado en lugar del término "análisis". En otras palabras, la parte (el diván) aparece en lugar del todo (el análisis). Por más que el "todo" sea evitado, su significación está presente de todos modos, dada la *relación de contigüidad* entre la "parte" y el "todo".

El proceso metonímico impone entonces un nuevo significante en relación de contigüidad con un significante anterior, al que suplanta. Podemos esquematizar ese mecanismo por medio del siguiente algoritmo:

$$\frac{S1}{s1} \longrightarrow \frac{\text{imagen acústica: ``análisis''}}{\text{idea de estar en análisis}}$$

$$\frac{S2}{s2} \longrightarrow \frac{\text{imagen acústica: ``diván''}}{\text{idea de diván}}$$

Cuando se introduce la figura metonímica, se realiza una sustitución significante que consiste en reemplazar S1 por S2.

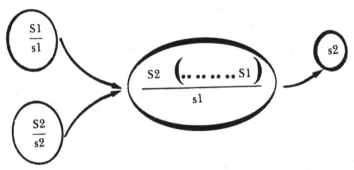

Pero contrariamente a lo que pasa en la metáfora, el significante "suplantado" no pasa bajo la línea de significación; queda por encima ya que en la metonimia el sentido está sujeto al mantenimiento de S1 en contigüidad inmediata con S2 y en asociación con s1. En cambio s2 es expulsado provisoriamente. Aquí podemos hacer la misma observación que hicimos con respecto a la metáfora: en la construcción metonímica, la presencia de los dos significantes evita toda posibilidad de crear un nuevo signo que asociaría de manera aleatoria un significante a un significado.

Por razones análogas a las mencionadas en el caso de la metáfora, la metonimia es una prueba más de la *autonomía de los significantes con respecto a la red de significados que gobiernan* y, en consecuencia, de la *supremacía del significante*.

Lacan expresa el proceso metafórico y el proceso metonímico en fórmulas algorítmicas que intentan poner de manifiesto esas propiedades específicas del significante.

Una primera escritura simbólica expresa al *proceso metafórico* de la siguiente manera:

59

$$f \left(\frac{S'}{S} \right) S \cong S \, (+) \, s^{75}$$

Según Lacan esta fórmula nos indica:

"en la sustitución del significante por el significante es donde se produce un efecto de significación que es poesía o creación, o sea, el advenimiento de la significación en cuestión. El signo + ubicado entre paréntesis muestra aquí el pasaje de la línea − y el valor constituyente de ese pasaje para el surgimiento de la significación."[76]

Una segunda fórmula de Lacan, contemporánea de la anterior, pone aun más el acento sobre el carácter de la sustitución significante de la metáfora:

$$\frac{S}{\cancel{S'}} \quad \cdot \quad \frac{\cancel{S'}}{x} \longrightarrow S \left(\frac{I}{s} \right)^{77}$$

En esta nueva articulación simbólica, comenta Lacan, "las S mayúsculas son significantes, x la significación desconocida y s el significado inducido por la metáfora, que consiste en la sustitución de la cadena significante de S' por S. La desaparición de S', representada aquí por la tachadura, es la condición indispensable para la realización de la metáfora."[78]

Esta última formulación presenta la ventaja de constituir una matriz directamente aplicable al proceso metafórico inaugural, es decir, la *metáfora del Nombre del Padre* o *metáfora paterna*. Indicaremos ahora su fórmula para luego examinar la significación:

$$\frac{\text{Nombre del Padre}}{\text{Deseo de la Madre}} \quad \cdot \quad \frac{\text{Deseo de la Madre}}{\text{Significado al sujeto}} \longrightarrow \text{Nombre del Padre} \left(\frac{A}{\text{Falo}} \right)^{79}$$

La formulación del *proceso metonímico* convoca los mismos símbolos en una expresión cuya función reside en la conexión de un significante nuevo con uno anterior con el que tiene una relación de contigüidad y al cual reemplaza:

$$f \, (\, S......S' \,) \, S \cong S \, (-) \, s^{80}$$

60

Lacan insiste en la diferencia que existe entre la metonimia y la metáfora: "El signo − ubicado entre paréntesis manifiesta aquí el mantenimiento de la línea − que, en el primer algoritmo · marca la irreductibilidad en la que se constituye en las relaciones del significante con el significado, la resistencia a la significación."[81]

De hecho, en la metonimia, la función del mantenimiento de la línea demuestra una resistencia a la significación, ya que esta figura de estilo siempre se presenta como un *absurdo aparente* (uno no "tiene un diván" sino que se analiza sobre un diván). En otras palabras, siempre es necesaria una operación del pensamiento para captar el sentido de la expresión metonímica restableciendo los lazos que conectan S y S'. En cambio, en la metáfora el sentido surge de inmediato precisamente porque se ha atravesado la línea.

Dentro de la perspectiva lacaniana, las nociones de *metáfora* y *metonimia* son dos de las piezas maestras de la concepción estructural·del proceso inconsciente. Estas dos clavijas maestras sostienen, en efecto, gran parte del edificio teórico movilizado por la tesis: *el inconsciente está estructurado como un lenguaje.* Por lo tanto, si los procesos "metafórico" y "metonímico" están en el origen mismo de los mecanismos que regulan generalmente el principio de funcionamiento del inconsciente, debemos poder poner en evidencia la aplicación de estos dos paradigmas tanto al nivel del proceso primario como al nivel de las formaciones del inconsciente propiamente dichas. La justificación de una aplicación de esta índole es perfectamente posible. Estos temas que abordaremos sucesivamente servirán de ilustración:

el proceso de *"condensación"* del sueño como proceso metafórico,

el proceso de *"desplazamiento"* en el sueño como mecanismo metonímico,

los *neologismos, glosolalias,* y *lenguajes delirantes* como construcciones metafóricas y metonímicas,

— el *síntoma* como metáfora,

— el *chiste* como condensación metafórica y/o desplazamiento metonímico,

el *proceso del deseo* como trayectoria metonímica,

— la metáfora del Nombre del Padre o metáfora paterna como acceso a lo *simbólico.*

La totalidad del trabajo teórico de *La interpretación de los sueños* hace suponer que Freud había presentido sin expli-

carlos, sin embargo — los dos grandes ejes del lenguaje: susti-
tución/metáfora y combinación/metonimia. Estas intuicio-
nes, supuestamente de Freud, son las que Lacan va a desa-
rrollar, principalmente en el sentido de un acercamiento de
esos elementos de la lingüística a los mecanismos de condensación y de desplazamiento del proceso primario. Como hemos visto, la idea de un acercamiento como éste es anterior a la reflexión teórica de Lacan.[82] Pero Lacan va a condificar ese acercamiento en forma de un procedimiento teórico pertinente y riguroso que retomará fielmente el texto de Freud.

7.

La condensación como proceso metafórico

Volvamos al análisis del proceso de condensación tal como Freud lo analiza en *La interpretación de los sueños*.[83] Hemos visto que Freud distingue varios casos de figuras de condensación.[84] Examinemos uno de ellos: la condensación por omisión. El sueño de "la monografía botánica"[85] constituye un claro ejemplo de ese mecanismo de condensación. De hecho, los materiales del contenido manifiesto aparecen profundamente sobredeterminados ya que la mayor parte remite a una pluralidad de materiales latentes gracias a las cadenas de asociaciones. Esto sucede especialmente con los términos: *monografía* y *botánica*.[86] Pero ¿cuál es la relación que estos dos términos mantienen con el proceso metafórico?

Recordemos el concepto de Lacan: una metáfora no es más que una *sustitución significante* porque allí se opera la sustitución de un significante por otro significante. En el lenguaje, esta sustitución se efectúa generalmente entre dos términos que tienen una similitud semántica o una similitud homofónica. Es evidente que al nivel de los procesos inconscientes no siempre se puede identificar la inmediatez de tales lazos de similitud. Sólo las cadenas asociativas pueden poner en evidencia esta similitud.

En el sueño de "la monografía botánica", el término "monografía" $\left(\frac{S3}{s3}\right)$ reemplazará a otros términos latentes como: "el carácter unilateral de mis estudios" $\left(\frac{S1}{s1}\right)$, "el precio elevado de mis fantasías" $\left(\frac{S2}{s2}\right)$

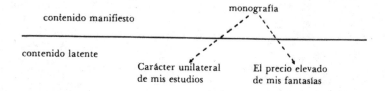

contenido manifiesto

monografía

contenido latente

Carácter unilateral
de mis estudios

El precio elevado
de mis fantasías

Encontramos, en cierto modo, la aplicación de un proceso metafórico cuyo mecanismo ya ha sido descrito:[87]

$\frac{S3}{s3}$: monografía botánica

$\frac{S1}{s1}$: carácter unilateral de mis estudios

$\frac{S2}{s2}$: el precio elevado de mis fantasías

En el sueño, el proceso metafórico va a intervenir de la siguiente manera:

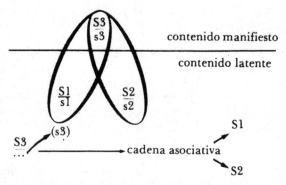

$\frac{S3}{s3}$

contenido manifiesto

contenido latente

$\frac{S1}{s1}$ $\frac{S2}{s2}$

S3
...   (s3)   cadena asociativa

S1

S2

En esta construcción se puede identificar fácilmente una aplicación del mecanismo metafórico esquematizado por la fórmula:

$$\frac{S'}{\dfrac{S}{s}} \longrightarrow (s')$$

En otros términos, la condensación puede ser legítimamente considerada como estrictamente análoga a una sustitución significante. El análisis del término "botánica" nos llevaría a la misma conclusión.

El caso de la figura de condensación que Freud denomina *formación compuesta* es igualmente representativo de la intervención de un mecanismo metafórico. En este caso, los elementos latentes que presentan características comunes van a fusionarse entre sí y por lo tanto serán representados en el nivel manifiesto a través de un solo elemento. El ejemplo más evidente lo constituyen las "personas compuestas", las "figuras colectivas" y las "composiciones neológicas" que pueblan los sueños.[88]

En el sueño de "la inyección de Irma",[89] Freud descubre que Irma aparece en una serie de situaciones en donde cada uno de los gestos que realiza remite a personas diferentes: "todas estas personas que descubro detrás de Irma no aparecen como tales en el sueño; se esconden tras la Irma del sueño que se transforma así en una imagen genérica formada por diversos rasgos contradictorios. Irma representa a todas estas personas sacrificadas en el transcurso del trabajo de condensación puesto que le sucede todo lo que les ocurrió a aquéllas."[90]

En ese mismo sueño hay otro ejemplo de condensación que permite la identificación de un proceso metafórico. Se trata de la elaboración metafórica del "doctor M. . ." a partir de dos elementos latentes: el personaje M. . . y el hermano mayor de Freud[91] que comparten ciertas características de similitud. Esta es la razón por la cual se prestarán particularmente bien a la sustitución metafórica:

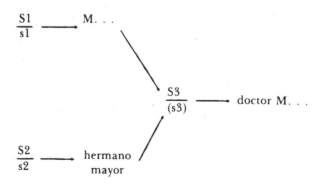

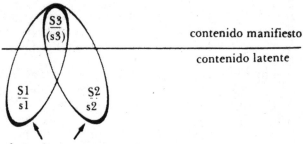

lazos de semejanza

El sueño de "la inyección de Irma" aporta un nuevo ejemplo de este proceso en la composición neológica del término. "Propileno". [92]

El "Propileno" proviene de una sustitución significante que se opera a partir de dos materiales latentes: "Propileos" y "Amileno" que tienen lazos de semejanza. [93]

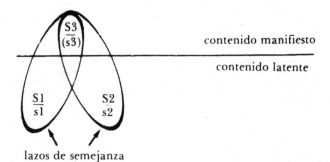

lazos de semejanza

Estos ejemplos son suficientemente ilustrativos y demuestran, por sí mismos, que en el trabajo del sueño los procesos de condensación se desarrollan de manera análoga a los procesos metafóricos del lenguaje. Se puede establecer de una manera igualmente pertinente una analogía del mismo orden entre el mecanismo de desplazamiento y el proceso metonímico.

8.

El desplazamiento y el trabajo del sueño como procesos metonímicos

En el transcurso del trabajo de sueño los materiales no siempre son condensados. La mayor parte de ese material latente puede, algunas veces, encontrarse representada a nivel manifiesto. Sin embargo, salvo en los sueños infantiles, esos materiales latentes no aparecen representados como tales. En esa representación manifiesta se introduce una alteración de valores. Se trata, más exactamente, de un *desplazamiento* de los valores que producirá un *desplazamiento del sentido*.[94]

En los sueños irracionales, generalmente el desplazamiento del valor es total y lo esencial del material latente se vuelve completamente accesorio a nivel manifiesto. En estas condiciones, un mecanismo semejante muestra la configuración misma del proceso metonímico. En efecto, representar lo esencial por medio de lo accesorio es, en cierto modo, representar el todo por la parte. Es un caso análogo al de la representación del contenido por el continente, de la causa por el efecto, es decir, los grandes casos de figuras de la metonimia en los que un significante puede expresar a otro con el que tiene una relación de contigüidad.[95]

Si bien en el sueño lo accesorio manifiesto expresa lo primordial latente gracias a una construcción metonímica, lo cierto es que la relación de contigüidad entre los significantes no aparece con tanta claridad como en las elaboraciones metonímicas del lenguaje. Esa relación de contigüidad sólo puede ser puesta en evidencia por medio de asociaciones.

Examinemos este proceso tomando como ejemplo algunos sueños extraídos de la obra de Angel Garma *El psicoanálisis de los sueños*:[96] "Me paseo por las calles de Sofía en compañía de la institutriz. Paso por las calles en donde están los burdeles. Soy francés y paso por allí como francés. Veo a un amigo que recientemente sufrió un accidente de esquí. Le digo que soy francés y con toda alegría le muestro mi documento de ciudadano francés."[97]

Analicemos los materiales: *Soy francés* y *accidente de esquí*. Estos dos elementos han sido objeto en el sueño de un desplazamiento significativo del valor, es decir del sentido. En efecto, el trabajo asociativo permitirá decodificar la significación latente disimulada a través de la metonimia en el nivel del contenido manifiesto del sueño.

El análisis del trabajo asociativo nos llega a través del siguiente comentario: "A veces, él piensa que no merece ser francés porque no es suficientemente valiente. La historia de Francia es una historia de actos heroicos. En su país de origen, en donde aún existen severas costumbres de influencia árabe, Francia tiene la reputación de ser el país del amor. Siguiendo las asociaciones del paciente, ser francés quiere decir ser osado en amor, es decir, tener relaciones genitales, vencer todos los temores que siente y que causan su impotencia." (...)

" 'Veo a mi amigo'. Se trata de un amigo que tiene muchas amistades íntimas con las mujeres. 'Accidente de esquí': es un accidente que ese amigo sufrió realmente hace algún tiempo. Pero esto también le sugiere al paciente la idea de otro accidente, de una blenorragia que el hermano de ese amigo contrajo últimamente. El accidente de esquí del contenido manifiesto del sueño es un desplazamiento típico y representa las ideas latentes de posibles accidentes como consecuencia de las relaciones sexuales."[98]

Este ejemplo muestra un doble desplazamiento: "Soy francés" significa tener relaciones sexuales normales con las mujeres; "el accidente de esquí" representa la idea de posibles accidentes como consecuencia de las relaciones sexuales, y en general, los peligros de la sexualidad. En otras palabras, en este sueño, el desplazamiento impone un material manifiesto para designar un material latente que tiene una relación de contigüidad con el precedente. Se trata entonces de una transferencia de denominación idéntica al mecanismo de la metonimia, que impone un nuevo significante en relación de contigüidad con un significante anterior al cual reemplaza.

De acuerdo con la formulación esquemática[99] que da cuenta del mecanismo metonímico, podemos representar la transferencia de denominación de la siguiente manera:

$$\frac{S2}{s2} \quad \begin{cases} \text{"Soy francés"} \\ \text{"accidente de esquí"} \end{cases}$$

$$\frac{S1}{s1} \quad \begin{cases} \text{"tener relaciones sexuales normales con las mujeres"} \\ \text{"peligro de accidentes sexuales"} \end{cases}$$

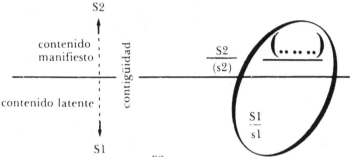

El material manifiesto $\frac{S2}{s2}$ ("accidente de esquí") no es comprendido inmediatamente a causa de la presencia del significado (s2) con el cual se lo asocia. Se encuentra mencionado entre paréntesis porque es el significado que va a ser evacuado de la construcción metonímica. Por otra parte, la contigüidad propia a la posibilidad de esta construcción aparece en la cadena asociativa. El material $\frac{S1}{s1}$ ("accidentes sexuales") está, en efecto, metonímicamente ligado al material $\frac{S2}{s2}$ ("accidente de esquí") gracias a un eslabón asociativo: la blenorragia accidental del hermano de su amigo.

El desplazamiento del sueño interviene según un mecanismo cuyo resultado es la figura metonímica esquematizada por la siguiente fórmula:

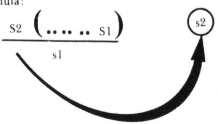

Generalmente, el proceso global del trabajo del sueño responde al mecanismo de la metonimia y, como tal, se basa en una transferencia de denominación que Freud denomina "ocultamiento" o "disfraz" del sentido. La razón por la que el sueño se resiste a la significación es precisamente que esa resistencia es el producto del trabajo del sueño. En este sentido, Lacan observa que la resistencia a la significación de la metonimia obedece a que ésta siempre es un absurdo aparente.[100]

El análisis de otro sueño confirma inmediatamente esta función metonímica del trabajo del sueño en su conjunto: "En una habitación con mi marido. Tengo grandes dificultades para encontrar la llave del gas. Cuando logro abrirla el gas sale. Poco a poco la casa se derrumba. Vamos a morir. Al mismo tiempo veo la casa que se levanta de nuevo."[101]

El análisis de este sueño nos lleva poco a poco a la siguiente significación: "Es el sueño de una mujer que tiene un marido impotente y que desea el divorcio. La pieza indica la cohabitación con el marido. El sexo masculino está representado por la llave del gas y la impotencia por la dificultad para encontrarla. La destrucción de la casa y la llegada de la muerte son el fin del matrimonio. La casa que se levanta de nuevo representa un nuevo matrimonio."[102]

En este ejemplo no se puede decir que "la dificultad para encontrar la llave del gas" signifique exactamente "la impotencia del marido". Encontramos aquí un absurdo aparente. La resistencia a la significación depende —aunque no exclusivamente— de la cadena de los diversos materiales intermediarios que el mismo trabajo del sueño ha conectado. De tal modo que si el análisis del sueño consiste en mostrar el trabajo del sueño recorriendo la cadena de los materiales relacionados por contigüidad, no se trata de otra cosa que de recorrer un camino metonímico.

9.

El chiste como proceso
metáforo-metonímico

El análisis estructural entre ciertos procesos del lenguaje y ciertos procesos inconscientes se identifica, más allá del sueño, en otras formaciones del inconsciente, por no decir en todas. Una de ellas es el *chiste*, que presenta un particular interés al conjugar la condensación metafórica y el desplazamiento metonímico.

Muy tempranamente Freud reconoció la semejanza que podía existir entre el mecanismo de condensación y la construcción de ciertos chistes: "El proceso de condensación que he descrito como uno de los elementos de la elaboración del sueño presenta grandes analogías con la técnica del chiste. En los dos casos la condensación lleva a la abreviación y crea formas sustitutivas semejantes."[103]

De hecho, el chiste puede elaborar condensaciones como "Propileno" o "Norekdal".[104] En otros términos, el chiste también actúa por medio de sustituciones significantes, es decir *metáforas*. La prueba es el célebre *famillionnaire* de H. Heine cuyo mecanismo es analizado por Freud en el primer capítulo de su obra sobre el chiste. La condensación metafórica se construye de este modo:

FAMILI   ERE
MILLIONNAIRE
FAMILLIONNAIRE[105]

También nos recuerda la famosa palabra "Carthaginoiserie" de Sainte Beuve, con respecto a la novela *Salambo* de Flaubert, cuya acción se desarrolla en Cartago:

71

CARTHAGINOIS
CHINOISERIE
CARTHAGINOISERIE[106]

La elaboración del chiste también puede utilizar otra técnica al explotar el registro inconsciente del desplazamiento, que reside, según Freud, en: "la desviación del curso del pensamiento, en el desplazamiento del acento psíquico del tema primitivo sobre otro tema".[107] Esta técnica, entonces, toma el camino de la *metonimia*.

Analicemos con más detalle el caso de la figura metonímica del chiste en un fragmento clínico donde el hecho de haber sido totalmente involuntaria la reviste de particular interés. En otras palabras, veremos que el chiste, estructurado según el modo metonímico, aparece en el lugar de otra formación del inconsciente: el lapsus.

Al volver de Africa, en donde había estado luego de su casamiento, una joven le cuenta a su analista, en una soberbia negación, que había hecho un *maravilloso velo de bodas*. Si bien la expresión la deja desconcertada algunos instantes, en el curso de la sesión aparece claramente que como el esposo no se había mostrado a la altura de las circunstancias durante el viaje, se hacía difícil evitar por más tiempo la urgencia de la recriminación inconsciente. Esta se hace oír entonces por medio de un desplazamiento que permite tanto el chiste como el lapsus. Es así como esta formación del inconsciente "mixta" brindará su solución explicativa en una serie de asociaciones que dejarán ver la construcción metonímica subyacente.

Para esta mujer, el "viaje" de bodas se encontraba asociado, ante todo, a la efervescencia frenética de sus impulsos y a la espera impaciente de su satisfacción. En cambio, el "velo" es el de las mujeres de Africa del Norte, que *para ella* simboliza un cierto sometimiento erótico, de una cierta infelicidad amorosa. Además de aparecer como un significante inconsciente del himen, este símbolo será inmediatamente asociado a la infelicidad erótica relacionada con su decepción.

La relación de contigüidad entre "boda" y "velo" es más que suficiente para que se opere la metonimia bajo la forma de un lapsus/chiste. En otras palabras, hubo un desplazamiento metonímico, es decir, una transferencia de denominación. Se puede reconstituir el mecanismo de la siguiente manera:

El elemento *viaje de bodas* $\frac{S1}{s1}$ es, ante todo, una decepción amorosa, una humillación erótica que ella trata de olvidar. El retorno de lo reprimido se efectuará por medio de un desplazamiento significante producido por el elemento asociativo: "sometimiento erótico" que garantizará la contigüidad con el elemento: metonímico *velo de bodas*.

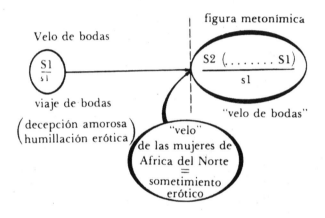

Como conclusión mencionemos que la experiencia dolorosa del "velo/viaje de bodas" de esta mujer fue lo suficientemente desmovilizante como para poder circunscribir en ella el origen de un síntoma que se organizará con posterioridad bajo la forma de una espectacular figura de metáfora.

10.

El síntoma como
proceso metafórico

Retomemos el fragmento clínico en la amargura de ese viaje de bodas, inducida por una debilidad conyugal constante.

Pero citar esta amargura es quizás anticipar uno de los elementos de la estrategia inconsciente que va a formar parte de la organización del síntoma en la esposa despechada. Es necesario seguir la pista del decir a lo largo de las sucesivas sesiones.

Desde el comienzo el acento está puesto sobre el *efecto sorpresa* que provoca la debilidad del marido. Este efecto sorpresa va a tomar toda su importancia posteriormente, aunque más no sea por su intervención como una *auténtica señal de angustia*. Dicho de otro modo, se trata de un dispositivo de defensa movilizado ante la inminencia de un peligro psíquico cuyo flujo de excitaciones podría desbordar la economía del sujeto.

Este flujo de excitaciones que se origina en la inscripción anterior de una situación de angustia debe poder encontrar un umbral de "alarma" suficiente para alertar las defensas del sujeto. En este sentido el "efecto sorpresa" operará como un signo precursor de un afecto traumático pasado, despertado por la actual debilidad del compañero. El síntoma va a encontrar su punto de inserción alrededor de esa señal de angustia.

En un primer momento, el "efecto sorpresa" intervendrá como proceso de defensa contra ciertos pensamientos inmediatos y "locales" que serán reprimidos en el acto. El trabajo analítico extraerá cada uno de estos pensamientos. En primer lugar, el recuerdo de un potencial libidinal dolorosamente contenido durante todo el viaje de bodas. En segundo lugar, la identificación de un odio violento hacia el marido impotente. Finalmente, el reconocimiento de una humillación narcisista devastadora, por no haber podido suscitar los deseos de un hombre.

Con posterioridad al viaje de bodas estos diferentes pensamientos, en principio reprimidos, serán objeto de una alteración de los valores bajo la forma del desplazamiento. El retorno se produce como una maternalización del marido. Pero mientras esta mujer reconforta amablemente a su hombre, un síntoma aparece y se organiza bajo la forma de un trastorno de la escritura. Este problema, intrascendente al comienzo, se sistematiza rápidamente y toma su real configuración en un *temblor rítmico del brazo* cuya consecuencia es una *casi total imposibilidad de escribir*. Habitualmente, la aparición de este síntoma incomprensible se acompaña de un sentimiento de cólera contra ella misma, que le resulta inexplicable.

Este síntoma, como vamos a ver, se construyó como una auténtica metáfora, es decir, como la sustitución significante de un significante reprimido por otro nuevo. El nuevo significante (el síntoma) mantiene un lazo de semejanza con el significante reprimido al que reemplaza.

Muchos meses de pacientes asociaciones serán necesarios para identificar al significante reprimido. Las principales etapas del trabajo analítico estarán marcadas por la rememoración de ciertos recuerdos olvidados que jugarán papeles sucesivos en el proceso de metaforización.

Primero el recuerdo de un incidente aparentemente sin importancia: durante la noche de bodas, el marido había volcado, por descuido, un vaso de *alcohol* en la cama conyugal. Inmediatamente vuelve un recuerdo de la adolescencia. A la espera de la llegada del médico, se le había confiado el cuidado de un vecino en plena crisis de delirium tremens. El hombre estaba acostado en una cama y agitaba constantemente los brazos para rechazar el ataque de los gusanos que veía en su alucinación. Aterrorizada por la escena, la paciente recuerda haber sufrido de un *temblor* constante hasta la llegada del médico. Posteriormente, evocará con gran dificultad algunos detalles olvidados de un hecho traumático. Algún tiempo antes de su casamiento, esta mujer había descubierto que su padre era en realidad su padrastro. Muy afectada por esta verdad que le habían ocultado decidió hacer averiguaciones para dar con el rastro de su padre. Entre las múltiples investigaciones que había realizado en esa época, una había quedado totalmente olvidada. Recuerda haber *escrito* a una conocida de su padre depositando mucha esperanza en esa pista. Pero el intento fue tanto más *frustrante* si se tiene en cuenta que su espera fue larga y *no obtuvo respuesta*. Finalmente surgirá un último recuerdo fundamental que catalizará los anteriores y dejará libre el sentido del síntoma. La paciente recuerda que hacia los trece o catorce años, un día en que su padrastro había bebido demasiado, la había molestado insistentemente al acariciarle los senos con frecuencia. Su reacción inmediata fue de una *profunda sorpresa* tanto por lo inhabitual como por lo inesperado de esta iniciativa. Recuerda también la *cólera* que sentía contra sí misma al descubrir su *impotencia* frente a esta situación y la *angustia* con que había esperado que su padrastro pusiera fin a sus actitudes incestuosas.

Estos son los principales recuerdos que aportaron los significantes que jugaron un papel importante en la construcción metafórica del síntoma. Retomemos estos significantes uno por uno tal como aparecieron en el transcurso del análisis:

a) *el alcohol:* el vaso de alcohol volcado en la cama
b) *el brazo:* la agitación de los brazos del vecino alcóholico alucinado
c) *temblores:* los temblores del cuerpo frente al vecino que delira
d) *la escritura:* la escritura a la conocida de su padre
e) *la espera frustrante:* luego de escribir la carta
f) *la falta de respuesta:* a la carta
g) *la profunda sorpresa:* cuando su padrastro le acaricia los senos
h) *la cólera:* contra sí misma durante la escena incestuosa
i) *la impotencia:* de no poder poner fin a la escena
j) *la espera angustiante:* que su padrastro cese sus fantasías incestuosas

A partir de estos diferentes elementos es fácil comprender cómo se operó la construcción electiva del síntoma. En primer lugar, la decepción de la noche de bodas va a reactivar la escena incestuosa reprimida. Efectivamente, en estas dos escenas encontramos el mismo elemento instigador, es decir el *elemento sorpresivo* que, como vimos, funcionaba como señal de angustia en la escena de la noche de bodas al reactivar un flujo de excitaciones angustiantes. Pero esta reactivación sólo es posible gracias a la *semejanza del afecto*: una excitación sexual sin descarga libi-

76

dinal. En otras palabras, una tensión psicosexual frustrante que constituirá un terreno de semejanza favorable para la organización del síntoma.

El síntoma propiamente dicho se estructurará a la manera de una metáfora. Tomemos la escena incestuosa con el padrastro como el elemento $\frac{S1}{s1}$ y el síntoma de la escritura como el elemento $\frac{S2}{s2}$. Si nos remitimos a la estructura del mecanismo metafórico $\frac{S1}{s1} \longrightarrow s2$ es fácil comprender que el síntoma, como tal, es el producto de una sustitución significante de la excitación erótica reprimida en la escena incestuosa. La repetición de un trauma similar —la frustración de la noche de bodas— iniciará el proceso de sustitución. Pero evidentemente en este caso (y en esto reside la diferencia con el mecanismo metafórico del lenguaje), la semejanza entre los dos elementos significantes que intervienen en la metáfora no aparece inmediatamente. De allí el carácter ininteligible del síntoma. La semejanza surge luego de pacientes asociaciones que convocan la presencia de una pluralidad de materiales intermediarios necesarios para el trabajo de la sustitución metafórica. Este es justamente el sentido de esta observación de Lacan:

"El síntoma se resuelve completamente en un análisis del lenguaje, porque el mismo está estructurado como un lenguaje, porque es un lenguaje cuya palabra debe ser liberada."[108]

Es propio de la actividad inconsciente utilizar esos diversos materiales de diferente origen en una combinación tal que la expresión del deseo reprimido se vuelve irreconocible. Ahora bien, esos materiales que participan en la organización del síntoma tienen características en común. Identificamos primero el significante *alcohol* que está explícita o implícitamente presente en varios recuerdos olvidados: el vaso de alcohol en la cama conyugal; la crisis de delirium tremens; el padrastro ebrio. Lo mismo sucede con el significante *espera*: su marido bebe en la cama en lugar de ocuparse de ella (espera frustrante); la paciente cuida al vecino en crisis mientras espera el médico (espera angustiante); espera en vano la respuesta a su carta (espera frustrante); y, finalmente, espera que su padrastro deje de acariciarla (espera angustiante). Estos factores de semejanza bastan para precipitar la formación del síntoma. Este se elaborará por estratificaciones sucesivas, aproximadamente como en las condensaciones de un sueño.

Hay que observar con atención el modo en que esta mujer articula el perfil de su síntoma. Lo presenta como un trastorno derivado de un temblor rítmico del brazo que prácticamente le impide *escribir* y que no deja de enfurecerla. En la descripción del síntoma encontramos las marcas de las diferentes capas de estratificación. Por una parte, el significante *escribir/escritura* proviene de uno de los recuerdos reprimidos. Por otro lado, el temblor rítmico del brazo es la condensación de dos materiales provenientes de otro recuerdo olvidado: la agitación de los brazos del vecino durante su alucinación, y el temblor de su propio cuerpo frente a esa escena. Finalmente, la *imposibilidad* de escribir y la consecuente *cólera* repiten su propia *impotencia* con respecto a las caricias de su padrastro y la *furia interior* que la acompaña.

Al término del trabajo del proceso primario que ordena estos diferentes materiales y los agrupa obtenemos el síntoma (S2) que reemplazó a la escena del incesto (S1) bajo la forma de una metáfora.

Una última palabra, sin embargo, en cuanto a un aspecto del elemento $\frac{S1}{s1}$ reprimido: la *cólera* suscitada por su impotencia para reaccionar frente a las caricias de su padrastro. Este es un claro ejemplo de una alteración del valor, es decir de una *metonimia/desplazamiento*. La cólera hacia sí misma no es otra cosa que el reverso disfrazado de la vivencia inconsciente. En realidad su sentimiento de cólera se refiere a su padrastro puesto que la excitación erótica que despierta en ella no se resuelve al no prolongarse hasta un punto menos frustrante. Así, la *impotencia angustiada* de reaccionar expresa el reverso del *placer pasivo* que encuentra en las iniciativas eróticas de su padrastro. La expresión del deseo se vuelve culpabilizante a causa de las exigencias superyoicas que solicitan de inmediato una inversión del valor de los afectos.

En conclusión, la *espera* pasiva es bienvenida ya que así se expresa su deseo mientras que su moral queda a salvo gracias a un desplazamiento metonímico.

Es fácil comprender por qué la deficiencia conyugal de la noche de bodas es capaz de reactivar simultáneamente la excitación pasiva y la frustración al apoyarse en un idéntico efecto de desplazamiento. En efecto, pensamientos latentes como la frustración, el odio por el esposo y la humillación narcisística se convierten rápidamente en *maternalización*. ¿Por qué esta inversión metonímica del valor de los afectos? Existe una única razón: es necesario mantener reprimida la escena incestuosa con el padrastro, bruscamente reactivada. El medio más seguro consiste en introducir una inversión del valor de los afectos movilizados durante la noche de bodas. En otras palabras, repetir un desplazamiento con respecto a los afectos de la noche de bodas implica consolidar el desplazamiento de los afectos de la escena incestuosa con el padrastro.

En definitiva, lo que encontramos en este fragmento clínico es la ilustración de la construcción metafórica de un síntoma cuyos elementos constitutivos fueron objeto, por otra parte, de desplazamientos metonímicos. Habitualmente, como lo señala Lacan:

> "El síntoma es un retorno de la verdad. Sólo se puede interpretar en el orden del significante que tiene sentido únicamente en relación con otro significante."[109]

Y agrega:

> "El síntoma es una metáfora, y decirlo no es una metáfora (...) ya que el síntoma es una metáfora se lo diga o no."[110]

El síntoma constituye una justificación suplementaria a la tesis del *inconsciente estructurado como un lenguaje*. La prueba decisiva la constituye el mecanismo de la metáfora del Nombre del Padre que será abordado a continuación.

II

La metáfora paterna como "encrucijada estructural" de la subjetividad

11.

La supremacía del falo

Aun cuando el proceso de la metáfora paterna pueda tomarse como la justificación más acabada del *inconsciente estructurado como un lenguaje*, es necesario, para abordarlo, hacer algunas observaciones preliminares con respecto al *objeto* alrededor del cual, justamente, gravita esta metáfora del Nombre del
Padre: *el objeto fálico*.

Estas observaciones se imponen, en primer lugar, porque el
falo es uno de los conceptos que muy a menudo resultan maltra-
tados en los comentarios analíticos. En segundo lugar, porque el
objeto fálico constituye la piedra angular de la problemática edípica y de la castración, al centrar Lacan su principio en torno a
la dimensión de la metáfora paterna.

Intentemos entonces circunscribir previamente lo que
podría llamarse la problemática fálica en la obra de Freud. El
edificio teórico de Lacan se apoya de manera predominante
sobre la referencia al objeto fálico. En la perspectiva del *retorno
a Freud*, Lacan insistió en mostrar lo constante y central que era
esa referencia en la obra freudiana. Podemos encontrar un claro
testimonio de esto en el seminario "Les Psychoses",[111] principalmente en los breves pasajes que siguen:

> "Pero a fin de cuentas, subrayo, el pivote, el punto central de
> la dialéctica libidinal al que se refiere, en la obra de Freud, el me-
> canismo y el desarrollo de la neurosis, es el tema de la castración
> (...).
> "Freud no cambia de opinión con respecto a esa supremacía.
> En el orden material, explicativo de la teoría freudiana, del princi-
> pio al fin, es una invariante predominante. En el condicionamien-

to teórico del interjuego subjetivo en el que se inscribe la historia de cualquier fenómeno psicoanalítico nunca subordinó ni relativizó su lugar (...).

"En su obra, el objeto fálico tiene el lugar central en la economía libidinal, tanto en el hombre como en la mujer.

"Este es un hecho absolutamente esencial, característico de todas las teorizaciones postuladas y sostenidas por Freud. Cualesquiera que sean las transformaciones que haya aportado a su teorización, a través de todas las fases de la esquematización que le dio a la vida psíquica, la supremacía del centro fálico nunca fue modificada."

A pesar de su insistencia en retener esta referencia permanente en Freud, paradójicamente según Lacan, ese papel central y preponderante del objeto fálico habría sido, a menudo, objeto de importantes confusiones en la teoría analítica y entre los comentadores de Freud. Es el caso de uno de los primeros discípulos de Freud, E. Jones, cuya elaboración del concepto de *afánisis* demostraría claramente, según Lacan, el malentendido existente sobre la cuestión del falo.

Para Jones, la *afánisis* expresaría la desaparición del deseo sexual. Esta noción, articulada a la dimensión del complejo de castración, objetivaría un temor más fundamental que el de la castración, tanto en el hombre como en la mujer: "Muchos hombres desean ser castrados por razones eróticas, entre otras, de tal manera que su sexualidad no desaparece con el abandono del pene."[112]

Jones llega a la conclusión de que si la abolición de la sexualidad *(afánisis)* y la castración parecen confundirse es solamente porque el temor de la castración siempre actualiza concretamente la *afánisis*.

Para Lacan,[113] tendríamos aquí un ejemplo manifiesto de una concepción equivocada del sentido y el alcance del objeto fálico tal como interviene en la obra de Freud. Por una parte, Jones habría abordado el concepto de *afánisis* confundiendo, en cierto modo implícitamente, el pene y el falo. En otras palabras, se podría hablar en este caso de un desconocimiento específico de la naturaleza del objeto fálico, naturaleza que le permite a Freud atribuirle precisamente un valor y una función idénticas tanto en el hombre como en la mujer. Por otra parte, probablemente no sea casualidad que Jones elabore el concepto de *afánisis* a partir de las investigaciones que realiza en el campo de la sexualidad femenina. Según él, el temor a la separación del objeto de amor permitiría revelar, en la mujer, el temor de la *afánisis*. Además, el parámetro común a la sexualidad de la niña y del varón habría que identificarlo con anterioridad al complejo de castración.

Esto demostraría que Jones no acepta que la evolución libidinal de la niña se ve movilizada por la castración y la supremacía fálica. Si esta evolución libidinal debe ser centrada sobre una misma cosa, entonces no es el falo sino la *afánisis*.

En otras palabras, prosigue Lacan, el sentido mismo de la referencia al objeto fálico es lo que Jones parece no llegar a comprender. La referencia al falo no es la castración a través del pene, sino la *referencia al padre*, es decir, a la función que mediatiza la relación del hijo con la madre y de la madre con el hijo. La confusión de Jones se apoyaría, al mismo tiempo, en una diferenciación poco precisa en cuanto a la *naturaleza de la falta de objeto*.[114] En síntesis, Jones no distinguiría de manera rigurosa lo que diferencia la *"privación"* de la *"castración"*; haría referencia a una categoría de la falta de objeto que él cree que es la castración, cuando en realidad sólo se trata de la privación.

Se podrían citar otras numerosas confusiones de la misma índole en los escritos y discursos del·psicoanálisis. Sin embargo, no hay que perder de vista que, si bien esta referencia fálica es predominante en la obra de Freud, muy a menudo está implícita. Esto constituye una buena metáfora del estatuto subjetivo del objeto fálico para el sujeto: aquel que justifica sin cesar que lo posee, o aquel que reivindica asiduamente que no lo tiene, cuando, en realidad, no lo tiene nadie. Esta disparidad de la referencia fálica debido a lo implícito parece relacionarse, ante todo, con aquello que subyace fundamentalmente en su carácter operatorio, es decir, la función paterna, como lo recuerda Lacan:

> "Freud nunca puso su perspectiva completamente de manifiesto, pero es lo que le permite mantener su posición con respecto a esa especie de planificación, llamémosle así, de los signos instinctuales, a la que tiende a reducirse, después de él, la dinámica psicoanalítica. Hablo de esos términos que nunca abandonó, y que exige para toda comprensión psicoanalítica posible, aun allí donde sólo se ajuste en forma aproximada ya que esto se ajusta aun mejor de este modo, a saber: la función del padre y el complejo de Edipo.
>
> "No puede tratarse pura y simplemente de elementos imaginarios. Lo que se encuentra en lo imaginario bajo la forma de la madre fálica no es homogéneo, todos lo saben, al complejo de

castración, puesto que este último está integrado a la situación triangular del Edipo. Esta situación no fue completamente dilucidada por Freud pero, por el solo hecho de mantenerla siempre, significa que está allí para prestarse a una elucidación que sólo es posible si reconocemos que el tercero central para Freud, que es el padre, tiene un elemento significante irreductible a cualquier clase de condicionamiento imaginario."[115]

En otros términos, a partir de la propia obra de Freud se desprende que el falo no es el pene atribuido imaginariamente a la mujer, en calidad de madre fálica, sino que por el contrario, el padre es estructuralmente el tercero en la situación edípica únicamente en razón de que ese falo es el *elemento significante* que le es atribuido. Se podría enunciar aquí una primera precisión: *el objeto fálico es ante todo un objeto cuya naturaleza es ser un elemento significante.*

Convengamos en que esta identidad significante no es facil de abordar en la obra de Freud, ya que justamente el término *falo* está particularmente ausente en sus escritos. Como lo hacen notar J. Laplanche y J. B. Pontalis en su *Vocabulaire de la psychanalise,*[116] generalmente el objeto es convocado o evocado por medio del atributo "fálico" (organización fálica, etapa fálica, madre fálica). Sin embargo, en todos los casos en que aparece el término "fálico" lo hace en referencia a una función simbólica. Y aun cuando originariamente la elaboración del objeto fálico se basa, en cierto modo, en la realidad anatómica del pene, en Freud está claro desde el comienzo que la función atribuida a tal objeto no puede reducirse a estos términos: tener o no tener pene. Además, si bien el falo es predominante, sólo lo es como referente *simbólico.*

Freud presentía la supremacía del falo desde 1905, en los *Tres ensayos sobre una teoría sexual,*[117] pero en 1923 aparece explícitamente significada en el texto: *La organización genital infantil,*[118] que Freud presentará, con justa razón, como un texto complementario de los *Tres ensayos.* En este último texto, la supremacía del falo se articula con la problemática de la castración de la siguiente manera: "La principal característica de esta organización genital infantil es, al mismo tiempo, lo que la diferencia de la organización genital definitiva del adulto. Esta reside en el hecho de que para los dos sexos un solo órgano genital, el órgano masculino, representa un papel. No existe entonces una primacía genital sino una primacía del falo."[119]

El hecho de reconocerle el papel esencial a un solo órgano genital en un momento determinado de la evolución sexual infantil implica, precisamente, que la primacía se sitúa, desde el comienzo, fuera de la realidad anatómica, fuera del órgano; es decir, exactamente al nivel de lo que esa falta de órgano es susceptible de representar subjetivamente.

La misma discriminación radical se encuentra en Freud con respecto a la castración, que se articula fundamentalmente con el orden fálico y no en el registro del pene: "*La falta de pene* se concibe como el resultado de una castración y ahora el niño se ve obligado a enfrentar la relación de castración en su propia persona. La evolución posterior es bastante conocida y no vale la pena recordarla aquí. Sólo anticiparemos que el único modo de apreciar en su justo valor la significación *de la castración es tomando en cuenta que sobreviene en la fase de la supremacía del falo.*"[120]

La argumentación que Freud desarrolla en este texto brinda la medida exacta de la naturaleza del objeto fálico. Por un lado la noción de *falta* ("la falta de pene") suscita la promoción del objeto fálico y, por eso mismo, lo lleva más allá de la realidad anatómica. De hecho, la diferencia entre los sexos se constituye desde un principio alrededor de la noción de falta: lo único que diferencia al órgano genital femenino del masculino es que le falta algo. Por otra parte, el resultado de la observación (realidad perceptiva) se elabora de inmediato, subjetivamente, a la manera de la *concepción*: (Freud escribe: *"la falta de pene es concebida"*). Esta concepción de algo que falta asigna inevitablemente a aquello que se supone que falta un único lugar posible: el registro *imaginario*.

En otras palabras, el niño aborda el tema de la diferencia de los sexos en el terreno de una lógica psíquica de este tipo: ¿por qué simplificar cuando se puede complicar? Concretamente la realidad de los sexos impone que sean anatómicamente diferentes. Lo que comprobamos es que de inmediato el niño elabora psíquicamente esa realidad en una construcción en la que esta diferencia está sujeta al orden de una falta. Dicho de otro modo, los sexos se vuelven diferentes para él, sólo porque insiste en querer que falte algo. Esta construcción imaginaria, que convoca imperativamente una falta ante la realidad de esa diferencia, postula implícitamente la existencia de un *objeto en sí mismo imaginario: el falo*. Este objeto imaginario sostiene en su totalidad la fantasía alimentada por el niño cuando persiste en concebir como faltante algo que él imagina que debería estar allí.

La naturaleza imaginaria del falo determina, entonces, un cierto perfil en la problemática de la castración. Es la falta lo que le impone al niño que se vea, como dice Freud: "En la obligación de enfrentarse con la relación de castración en su propia persona". No se trata de ningún modo de una *confrontación* de su persona con la castración. Por trivial que sea esta diferencia se ve claramente que lo que está significado en la formulación freudiana es el carácter de exterioridad atribuido a la castración, que tiene resonancias en la exterioridad del objeto fálico mismo. Sin embargo, esta exterioridad es intrasubjetiva ya que afecta a la relación del sujeto con una formación intrapsíquica cuya única consistencia es lo imaginario de la fantasía. Habría que agregar que en esta problemática fálica anclada a lo imaginario subyace, por otro lado, una dimensión simbólica que nos llevará directamente al proceso de la metáfora paterna. En otras palabras, la primacía del falo como objeto imaginario representará un papel fundamentalmente estructurante en la dialéctica edípica, en la medida en que la dinámica fálica misma promueve una operación simbólica inaugural que se resuelve con el advenimiento de la metáfora del Nombre del Padre.

Sobre el terreno de estas referencias freudianas, Lacan sistematizó la problemática fálica en los fundamentos de la teoría analítica. Con Lacan, en particular, el falo va a ser instituido como el significante primordial del deseo en la triangulación edípica. El complejo de Edipo se representará entonces alrededor de la localización respectiva del lugar del falo en el deseo de la madre, del hijo y del padre, en el transcurso de una dialéctica que se pondrá de manifiesto en la modalidad del "ser" y del "tener".

El proceso de la metáfora paterna está estructuralmente ligado a la situación edípica y constituye, de alguna manera, el apogeo de su resolución. La expresión teórica que Lacan da al complejo de Edipo insiste en centrar su significación en el único registro en el que Freud nos mostró que era inteligible. Ese registro participa no sólo del campo de *la captura de lo imaginario* sino también de un punto de anclaje en el que esta captura imaginaria se liga con la dimensión de *lo simbólico*. De esta participación en el registro de lo imaginario resulta, como lo subraya

Lacan, que "el complejo de Edipo, que es donde la teoría analítica concretiza la relación intersubjetiva, tiene valor de mito".[121] Por el contrario, como el Edipo lleva a esa relación intersubjetiva a encontrar un punto de asunción en el registro de lo simbólico, es un proceso estructurante para el sujeto. Fuera de esta referencia nodal a lo imaginario y a lo simbólico, el Edipo se encierra en las redes de la ideología psicológica. La mayor parte de las polémicas y de los malentendidos desarrollados con respecto al complejo de Edipo parece provenir de esa incomprensión ideológica. En cambio, a partir del momento en el que el Edipo se centra en el plano de inteligibilidad de esta doble referencia (imaginario/simbólico) la mayor parte de las objeciones desaparece.

12.

El estadio del espejo y el Edipo

Lacan se esforzó por circunscribir ese espacio de inteligibilidad del Edipo alrededor del proceso de la *metáfora del Nombre del Padre*[122] que articula principalmente la *función fálica* con su coyuntura correlativa: *el complejo de castración*.[123] El operador que negociará esta articulación no será otro que el significante Nombre del Padre que marcará el rumbo y estructurará toda la trayectoria edípica.

Con más frecuencia, según Lacan, la función fundamental del Edipo recubre la *función paterna*.[124] Se trata en este caso de una función que debe ser comprendida como algo radicalmente diferente tanto de la presencia paterna,[125] como de sus coyunturas negativas, como por ejemplo la ausencia, la carencia y cualquier otra forma de "inconsistencia" paterna.[126] Para Lacan esta función procede de la determinación de un lugar mientras que este lugar le otorga una dimensión necesariamente simbólica. Por otra parte, como es *función simbólica* puede prestarse a una operación metafórica. Este sentido es el que permite a Lacan interrogar a esa función paterna en estos términos:

> "El padre no es un objeto real, entonces, ¿qué es? (...) El padre es una metáfora.
>
> "¿Qué es una metáfora? (...) Es un significante que aparece en el lugar de otro significante (...) El padre es un significante que ha reemplazado a otro significante. Y ésa es la incumbencia, la única incumbencia esencial del padre dentro de su intervención en el complejo de Edipo."[127]

Lacan localiza el inicio del complejo de Edipo al nivel de un umbral específico del proceso de maduración del niño que muestra un momento particular de su vivencia psíquica. Este momento es contemporáneo del *estadio del espejo*,[128] en el que se esboza, para el niño, un cierto tipo de identificación basado en una relación específica con la madre, una relación de aliena-ción.

ESTADIO DEL ESPEJO

El estadio del espejo se ordena esencialmente sobre una experiencia de identificación fundamental en cuyo transcurso el niño realiza la conquista de la imagen de su propio cuerpo. La *identificación primordial* del niño con esta imagen va a promover la estructuración del yo (Je) poniendo término a esa vivencia psíquica singular que Lacan denomina: *fantasía del cuerpo fragmentado*. En efecto, antes del estadio del espejo, el niño no experimenta inicialmente su cuerpo como una totalidad unificada, sino como algo disperso. Esta experiencia fantasmática del *cuerpo fragmentado*, cuyos vestigios aparecen tanto en la configuración de ciertos sueños[129] como en los procesos de destrucción psicótica, se pone a prueba en la dialéctica del espejo, cuya función es neutralizar la dispersión angustiante del cuerpo en favor de la unidad del *cuerpo propio:*

> "El estadio del espejo es un drama cuyo impulso interno se precipita de la insuficiencia a la anticipación y que, para el sujeto, engañado por la ilusión de la identificación espacial, urde las fantasías que se suceden desde una imagen fragmentada del cuerpo hasta una forma que llamaremos ortopédica de su totalidad."[130]

La experiencia del niño durante la fase del espejo se organiza en base a tres tiempos fundamentales que marcan la conquista progresiva de la imagen de su cuerpo.

Al comienzo, es como si el niño percibiera la imagen de su cuerpo como la de un ser real al que intenta acercarse o atrapar. En otras palabras, este primer tiempo de la experiencia demuestra que hay una *confusión primera entre uno mismo y el otro,* confusión ampliamente confirmada por la relación estereotipada que el niño mantiene con sus semejantes y que prueba, sin duda alguna, que al principio vive y se localiza en el otro:

"Esta captación por medio de la *imago* de la forma humana (...) domina, entre los seis meses y los dos años y medio, toda la dialéctica del comportamiento del niño en presencia de su semejante. Durante todo este período se registrarán las reacciones emocionales y los testimonios articulados de un transitivismo normal. El niño que golpea dice que lo han golpeado; el que ve caer, llora."[131]

Así como este primer momento de la fase del espejo pone claramente en evidencia el vínculo del niño con el registro imaginario, el segundo momento, por su parte, constituye una etapa decisiva en el proceso identificatorio. En efecto, el niño llega a descubrir subrepticiamente que el otro del espejo no es un ser real sino una imagen. Además de que ya no intenta atraparla, la totalidad de su comportamiento indica que desde ahora *sabe* distinguir la *imagen* del otro de la *realidad* del otro.

El tercer momento dialectiza las dos etapas precedentes, no sólo porque el niño se asegura de que el reflejo del espejo es una imagen, sino, y por sobre todo, porque adquiere la convicción de que *sólo es una imagen que es la suya*. Al re-conocerse a través de esa imagen, el niño reúne la dispersión del cuerpo fragmentado en una totalidad unificada que es la representación del cuerpo propio. La imagen del cuerpo es, entonces, estructurante para la identidad del sujeto que realiza en ella su *identificación primordial*.

Hay que agregar que la dimensión de lo imaginario subyace, del principio al fin, en esta conquista de la identidad, desde el momento en que el niño se identifica con algo virtual (la imagen óptica) que no es él como tal, pero en la que, sin embargo, se re-conoce. Se trata, entonces, de un *reconocimiento imaginario* justificado, por otra parte, por hechos objetivos. En efecto, la maduración del niño a esa edad no le permite tener un *conocimiento* específico de su cuerpo propio. De hecho, el estadio del espejo es una experiencia que se organiza con anterioridad a la aparición del esquema corporal.[132] Por otra parte, al simbolizar la "preformación" del yo (Je), la fase del espejo presupone en su principio constitutivo su destino de alienación en lo imaginario. El re-conocimiento de sí mismo a partir de la imagen del espejo se efectúa —por razones ópticas— a partir de indicios exteriores y simétricamente inversos. Es por eso que la unidad misma del cuerpo se esboza como exterior a sí misma e invertida. La dimensión de este *re-conocimiento* prefigura así, para el sujeto que inicia la conquista de su identidad, el carácter de su alienación imaginaria de donde se perfila el "desconocimiento crónico" que no dejará de mantener consigo mismo.

PRIMER MOMENTO DEL EDIPO

Al salir de la fase identificatoria del estadio del espejo, el niño que se perfiló como sujeto sigue manteniendo una relación de indiferenciación cercana a la fusión con su madre. Esta relación de fusión es producto de la posición particular que el niño alimenta con respecto a la madre al tratar de *identificarse con lo que él supone que es el objeto de su deseo*. Esta identificación a través de la cual *el deseo del niño se hace deseo del deseo de la madre* se ve ampliamente facilitada, e incluso inducida, por la relación de inmediatez entre la madre y el hijo aunque más no sea en cuanto a los cuidados y la satisfacción de las necesidades. En otros términos, la proximidad de estos intercambios pone al niño en la situación de hacerse objeto de lo que se supone le falta a la madre. Este objeto susceptible de satisfacer la falta del otro[133] es justamente el *falo*. El niño encuentra entonces la problemática fálica en su relación con la madre al querer constituirse él mismo como falo materno. En este sentido puede hablarse de una indiferenciación fusional entre el niño y la madre puesto que el niño tiende a identificarse con el único y exclusivo objeto de deseo del otro. Como lo hace notar Lacan, en este primer momento del Edipo, el deseo del niño permanece totalmente sujeto al deseo de la madre:

> "Lo que busca el niño es hacerse deseo de deseo, poder satisfacer el deseo de la madre, es decir: 'to be or not to be' el objeto de deseo de la madre (...) Para gustarle a la madre (...) es necesario y suficiente ser el falo."[134]

Una cosa es asegurar, como dice Lacan, que "la relación del niño con el falo es esencial en tanto que el falo es el objeto de deseo de la madre";[135] algo diferente es comprobar que a ese nivel el niño está directamente alienado por la problemática fálica a la manera de *la dialéctica del ser:* ser o no ser el falo. Durante esta primera etapa todo sucede *como si* el niño economizara una contingencia fundamental ligada a la problemática fálica: la di-

mensión de la *castración*. En efecto, sólo puede haber una relación de fusión con la madre en la medida en que no *aparezca*
ningún tercer elemento que mediatice la identificación del niño
al falo de la madre. Pero inversamente, lo que demuestra el carácter absolutamente imaginario de esta convicción es la propia
naturaleza del objeto fálico con el que se identifica el niño. De
tal modo que por más que consideremos a la instancia mediado-
ra (el Padre) como ajena a la relación madre-hijo, la dimensión
de la identificación fálica del niño en esa relación ya la presupone. En síntesis, la identificación con el objeto fálico que elude la
mediación de la castración la convoca en la misma medida en el
terreno de una oscilación dialéctica entre: *ser o no ser el falo.*

El surgimiento de tal oscilación anuncia el segundo momento
del complejo de Edipo en el que niño es introducido inevitablemente en el registro de la castración por la intrusión de la
dimensión paterna. La evolución del niño en los misterios del
Edipo puede fijarse eventualmente en un punto de equilibrio
inestable alrededor de la encrucijada que constituye la pregunta:
ser o no ser el falo. Lacan señala de este modo un punto de anclaje
favorable a las identificaciones perversas en la suspensión de este
interrogante que perpetúa una oscilación en el lugar de la castración si ésta se apoya en un mensaje equívoco sobre el papel de la
función simbólica del Padre:

> "En la medida en que el mensaje se realiza satisfactoriamente,
> pueden cimentarse un cierto número de trastornos y perturba-
> ciones, y entre éstos se cuentan las identificaciones que hemos cali-
> ficado de perversas."[136]

Una ambigüedad sostenida a ese nivel movilizará al niño
hacia una estrategia defensiva para evitar la castración. Pero el
perverso no se equivoca en cuanto a la posición subjetiva que lo
une a la supremacía de lo imaginario fálico; cultiva su singulari-
dad paradójica con respecto a la castración de tal modo que
puede medir su incidencia con bastante precisión. Todo su ta-
lento sintomático —y también toda su angustia— consistirá entonces en reproducir y conservar la ilusión subjetiva en la que se
encuentra capturado. Hay que sondear sin cesar la medida de la
castración si se la quiere evitar cada vez con más destreza. En otros
términos, la identificación perversa provoca en negativo la doble,

pero solidaria cuestión, de la privación materna de su objeto fálico y la separación del niño de su identificación con tal objeto. Es decir, precisamente el compromiso intersubjetivo que se pone en juego en la segunda fase estructurante del complejo de Edipo.

SEGUNDO MOMENTO DEL EDIPO

La mediación paterna va a representar un papel preponderante en la configuración de la relación madre-hijo-falo al intervenir como *privación*:

> "La experiencia nos demuestra que el padre considerado como aquello que *priva* a la madre de ese objeto, especialmente del objeto fálico, de su deseo, representa un papel esencial en (...) el transcurso del complejo de Edipo, aun en los casos más fáciles y normales."[137]

Por otra parte, el niño vive la intrusión de la presencia paterna como una *prohibición* y una *frustración*:

> "El padre, de todos modos, llega aquí como una molestia que no sólo incomoda por su volumen sino que es molesto porque *prohíbe*. ¿Y qué prohíbe? (...) Prohíbe, ante todo, la satisfacción del impulso (...)
>
> "Por otra parte, ¿qué prohíbe el padre? Y bien, teniendo en cuenta nuestro punto de partida podemos decir que como la madre es de él, no es del hijo (...) El padre frustra, lisa y llanamente, al hijo de la madre."[138]

En otras palabras, la intrusión paterna en la relación madre-hijo-falo se manifiesta en registros aparentemente diferentes: *la prohibición, la frustración* y *la privación*. Las cosas se complican aún más cuando se evidencia que la acción conjugada del *padre*, que simultáneamente *prohíbe, frustra* y *priva*, tiende a catalizar su función fundamental de padre *castrador*.

LA FALTA DEL OBJETO

Antes de examinar la dinámica de este segundo momento del complejo de Edipo, resultará útil retomar, para su mejor comprensión, los puntos de vista que aporta Lacan sobre la noción de *falta del objeto*.[139]

Tanto en el niño como en el adulto, la falta del objeto puede manifestarse de tres modos específicos: la frustración, la privación y la castración. Aunque en los tres casos se trate de una falta del objeto, la naturaleza de esa falta es cualitativamente diferente para cada uno. Lo mismo ocurre en lo que se refiere al tipo de objeto.

La *frustración* es el campo por excelencia de la reivindicación, con la única diferencia de que no existe ninguna posibilidad de encontrar satisfacción. Efectivamente, en la *frustración* la falta es un *daño imaginario*. Por el contrario, el objeto de la frustración es absolutamente real. El pene constituye el prototipo de un objeto de esa índole y la niña vive su ausencia justamente como una frustración. Habitualmente el niño vive como una frustración la ausencia de pene en la madre.

En cambio, en la *privación*, lo real es la falta. Lacan designa a esta falta del objeto como un agujero en lo real. Pero el objeto de la privación es un objeto simbólico.

En cuanto a la *castración*, la falta a la que se refiere es simbólica, puesto que se remite a la prohibición del incesto que es la referencia simbólica por excelencia. Gracias a esto la función paterna es eficaz porque rige el acceso del niño a lo simbólico. La falta que representa la castración es ante todo, como lo formula Lacan, una *deuda simbólica*. Pero en la castración el objeto faltante es absolutamente imaginario y en ningún caso puede tratarse de un objeto real:

"Sólo la ley Manu, según Lacan, dice que aquel que se ha acostado con su madre debe cortarse los genitales y tomándolos en las manos dirigirse hacia el Oeste, hasta que la muerte sobrevenga."[140]

Este objeto imaginario de la castración es, evidentemente, el *falo*.

La articulación de estas diferentes categorías de la falta y de los distintos objetos que les corresponden se distribuyen según el esquema mnemotécnico de Jean Oury, que reproducimos a continuación.

El principio de su construcción es totalmente rudimentario:
1) trazar una estrella de David;
2) girando en el sentido de las agujas del reloj, inscribir su-

cesivamente en los vértices de los dos triángulos las siguientes siglas:

- PCF (Privación-Castración-Frustración).
- SIR (Simbólico-Imaginario-Real).

La distribución de las faltas con respecto a los objetos que les corresponden se decodifica en giros retrógrados sucesivos, siguiendo las flechas (ver figura):

- La castración es la falta simbólica de un objeto imaginario,
- la frustración es la falta imaginaria de un objeto real.
- la privación es la falta real de un objeto simbólico.

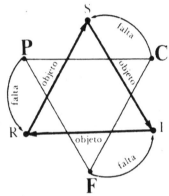

Volvamos ahora a la segunda etapa del complejo de Edipo que se inicia con la intrusión paterna en la relación intersubjetiva madre-hijo. Esta intrusión se manifiesta en dos aspectos diferentes. Desde el punto de vista del niño, el padre interviene como prohibición ya que se le presenta como alguien que "tiene derecho" (Lacan) en lo que concierne a la madre. Por eso esta intervención es vivida por el niño como "una *frustración*, acto imaginario que se refiere en este caso a un objeto muy real, la madre, puesto que el hijo la necesita".[11] El niño se ve entonces obligado a cuestionar su identificación fálica y, al mismo tiempo, a renunciar a ser el objeto del deseo de la madre. Simultáneamente, desde el punto de vista de la madre, el padre la *priva* del falo que ella supuestamente posee en el hijo identificado con el objeto de su deseo:

"En un momento dado de la evolución edípica, y en el plano de la *privación* de la madre, se le plantea al sujeto la cuestión de aceptar, registrar, simbolizar él mismo, volver significante esa privación de la que es objeto la madre (...) ¿Cuál es la configuración especial de esa relación con la madre, con el padre, con el falo, que hace que el niño no acepte que el padre *prive* a la madre de algo que es el objeto de su deseo? (...) Esta configuración es nodal. A este nivel la cuestión que se plantea es: *'ser o no ser'*, *'to be or not to be'* el falo. "[142]

El origen de la oscilación inducida en el niño dentro de la dialéctica del ser por la relación doble de la frustración y la privación se encuentra fundamentalmente en el hecho de que el padre aparece como *otro* en lo que concierne a la relación madre-hijo. En la vivencia subjetiva del niño, ese "otro" surge como un objeto posible del deseo de la madre, como un objeto fálico posible al que puede suponer como un rival frente a la madre. Lo que se pone en juego en esta rivalidad imaginaria incluye en realidad un desplazamiento del objeto fálico que lleva al niño a encontrar la *ley del padre*.

El niño se enfrenta con esta ley en la medida en que descubre que la madre depende a su vez de la ley en lo que respecta a la satisfacción que puede brindar a las demandas del niño. En otros términos, la dirección del deseo del niño remite inevitablemente a la ley del otro a través de la madre:

"En el plano imaginario, el padre interviene llanamente como aquél que priva a la madre, es decir que lo que aquí se le dirige al otro como demanda es enviado a una corte superior, es reemplazado convenientemente, ya que siempre, por algún lado, aquello por lo que interrogamos al 'otro', por más que lo recorra en su totalidad, siempre encuentra en el otro ese 'otro' del otro, es decir su propia ley. En este nivel se produce algo que hace que lo que recibe el niño como respuesta sea pura y simplemente la ley del padre en tanto que está concebida imaginariamente por el sujeto como una privación para la madre."[143]

El niño descubre entonces, en esta ocasión, la dimensión esencial que estructura el deseo como aquello que *"somete el deseo de cada uno a la ley del deseo del otro"*.[144] Este tiempo fuerte del complejo de Edipo transmite al niño el significado del deseo de la madre con respecto a lo que él supuso hasta ahora que era su objeto. El hecho de que el deseo de la madre esté sometido a la ley del deseo del otro implica que a su vez su deseo depende de un objeto que supuestamente el otro (el padre) tiene o no tiene.

La *dialéctica del tener* (tener el falo o no), que a partir de ahora polarizará para el niño la problemática del deseo de la madre, se hace eco de la *dialéctica del ser* que gobierna, entonces, la vivencia de su propio deseo.

El niño sólo llega a esa interrogación personal —ser o no ser el falo de la madre— en la medida en que el padre que priva le hace presentir que la madre reconoce en esa ley aquello que mediatiza el deseo que ella tiene de un objeto que ya no es el hijo, pero que supuestamente el padre tiene o no tiene. Es decir, según Lacan, ese estadio en el que "algo que separa al sujeto de su identificación lo une al mismo tiempo a la primera aparición de la ley bajo la forma de la dependencia de la madre de un objeto, que ya no es simplemente el objeto de su deseo, sino un objeto que el otro tiene o no tiene."[145]

Y Lacan precisa:

> "El lazo estrecho entre el hecho de que la madre se remita a una ley que no es la suya, y que en la realidad el objeto de su deseo es 'soberanamente' poseído por ese mismo 'otro' a cuya ley ella se remite, nos da la clave de la relación del Edipo y lo que le da su carácter tan esencial, tan decisivo de esta relación de la madre que les pido que aíslen como relación no con el padre, sino con la palabra del padre (...)"

> "De su presencia privadora, él es quien soporta la ley, y esto no ocurre veladamente, sino por intermedio de la madre que es quien lo presenta como aquel que le hace la ley."[146]

El segundo momento del Edipo es la condición indispensable que debe cumplir el niño para acceder a la simbolización de la ley que marca la declinación del complejo de Edipo. En este encuentro con la ley del padre se ve enfrentado al problema de la *castración* que se presenta a través de la dialéctica del tener de la que depende, de ahora en más, el deseo de la madre. La mediación introducida por el padre con respecto a la madre, que lo reconoce como aquel que le hace la ley, hace que el niño promueva al padre a un lugar en el que sólo puede aparecer como depositario del falo.

El padre real, que aparece como "representante" de la ley, es investido por el niño de una nueva significación a partir del momento en que, desde el lugar que ocupa, resulta el supuesto poseedor del objeto del deseo de la madre: se ve así elevado a la dignidad de *padre simbólico*. La madre que suscribe la enunciación de la ley paterna al reconocer la palabra del padre[147] como la única susceptible de movilizar su deseo, atribuye también a la función del padre un lugar simbólico con respecto al niño. En este punto, el niño se ve llevado a determinarse con respecto a esta función significante del Padre que es, precisamente, el significante simbólico *Nombre del Padre:*

> "En otros términos, la relación en la que la madre pone al padre como mediador de algo que está más allá de su propia ley y de su capricho y que es pura y simplemente la ley como tal, el padre como Nombre del Padre, como lo anuncia y promueve todo desarrollo de la doctrina freudiana, es decir, como algo estrechamente ligado a esa enunciación de la ley, esto es lo esencial y en esto es aceptado o no por el niño que priva o no a la madre del objeto de su deseo."[148]

La determinación del niño al término de este segundo momento del Edipo es crucial puesto que sobre todas las cosas constituye una determinación con respecto al objeto fálico. Destruida su certeza de ser el objeto fálico deseado por la madre, el niño se ve ahora obligado por la función paterna, no sólo a aceptar que no es el falo sino también a aceptar que no lo tiene, a semejanza de la madre que lo desea allí donde se supone que debe estar y donde se vuelve posible tenerlo. Esta es precisamente la incidencia del *complejo de castración* que según Lacan no se llamaría así "si en cierto modo no pusiera en primer plano lo siguiente: que para tenerlo, primero tiene que haberse planteado la imposibilidad de tenerlo, que esta posibilidad de ser castrado es esencial para asumir el hecho de tener falo. Este es el paso que hay que dar, es aquí donde debe intervenir, en algún momento, eficazmente, realmente, efectivamente, el padre."[149]

El paso a dar para asumir la conquista del falo será desarrollado en un tercer momento que dialectizará los dos que preceden.

TERCER MOMENTO DEL EDIPO

Este tercer momento, que es más precisamente el de la "declinación del complejo de Edipo", pone término a la rivalidad fálica frente a la madre en la que se ha ubicado el niño, y en la que imaginariamente también ha instalado al padre. A partir del momento en que el padre ha sido investido con el atributo fálico, se ve en la obligación "de demostrarlo",[150] como precisa Lacan, ya que "al intervenir en el tercer momento no como aquel que es el falo sino como aquel que lo tiene, puede producirse algo que restablezca la instancia del falo como objeto deseado por la madre y no solamente como el objeto del cual el padre la puede privar."[151]

El momento esencial de esta etapa está marcado por la *simbolización de la ley* que demuestra claramente que el niño ha comprendido plenamente su significado. El valor estructurante de esta simbolización reside, para él, en la localización exacta del deseo de la madre. La función paterna sólo es representativa de la ley bajo esa condición. El enfrentamiento del niño con la relación fálica se modifica de manera decisiva al dejar de lado la problemática del ser y aceptar una negociación, por su cuenta, de la problemática del tener. Eso sucede sólo en la medida en que el padre no se le presente como un falo rival ante la madre. Dado que tiene el falo, el padre deja de ser el que priva a la madre del objeto de su deseo. Por el contrario, al ser el supuesto depositario del falo, lo restablece en el único lugar donde puede ser deseado por la madre. El niño, al igual que la madre, se encuentra inscrito en la dialéctica del tener: la madre que no tiene el falo puede desearlo de parte de quien lo posee; el niño, también desprovisto de falo, podrá a su vez codiciarlo allí donde se encuentra.

La dialéctica del tener convoca inevitablemente al juego de las identificaciones. Según el sexo del niño la instancia fálica incidirá de diferente manera en la lógica identificatoria. El varón que renuncia a ser el falo materno toma el camino de la dialéctica del tener al identificarse con el padre que supuestamente tiene el falo. La niña, asimismo, puede abandonar la posición de objeto de deseo de la madre y encontrar la dialéctica del tener en la modalidad del no tener. Puede encontrar así una posible identificación con la madre ya que, al igual que ella, "sabe dónde está, sabe adónde debe ir a tomarlo, es por el lado del padre, hacia aquél que lo tiene."[152]

La ubicación del falo es estructurante para el niño, cualquiera sea su sexo, ya que el padre, el supuesto poseedor, se hace preferir por la madre. Esta preferencia, que demuestra el pasaje del registro del ser al del tener, es la prueba más clara de la *instalación del proceso de la metáfora paterna* y del mecanismo intrapsíquico correlativo: *la represión originaria.*

13.

La metáfora paterna - El Nombre del Padre
La metonimia del deseo

Sin duda alguna, el juego del *fort-da* descrito por Freud,[153] brinda la ilustración más explícita de la realización de la metáfora del Nombre del Padre en el proceso de acceso a lo simbólico en el niño, es decir, el *dominio simbólico del objeto perdido:* "Un día hice una observación que confirmó mi modo de pensar. El niño tenía un piolín atado alrededor de una bobina de madera. No se le ocurría, por ejemplo, arrastrarla detrás de él para jugar al auto; pero en cambio, con mucha destreza, lanzaba la bobina retenida por el piolín, por encima del borde de su camita con cortinas, en donde desaparecía, al tiempo que exclamaba un o-o-o-o* pleno de significado; luego retiraba la bobina de la cama tirando del piolín y saludaba su reaparición con un alegre '¡aquí está!'.** Este era, pues, el juego completo: desaparición y regreso; en general no se veía más que el primer acto que era repetido sin cesar, como un juego en sí mismo, aunque resulta indudable que el mayor placer estaba ligado al segundo acto."[154]

Este era entonces el juego completo observado por Freud. Esta fue la interpretación que le dio: "La interpretación del juego ya no presentaba dificultades. El juego estaba relacionado con los importantes resultados de índole cultural obtenidos por el niño, con el renunciamiento pulsional que había realizado (renunciamiento a la satisfacción de la pulsión) para permitir la partida de su madre sin manifestar oposición. Podría decirse que se consolaba poniendo en escena, con los objetos que podía tomar, la misma 'desaparición-regreso'."[155]

No hay ilustración más exacta que el *fort-da* para la expresión lacaniana: *sustitución significante*. Se trata de un doble proceso metafórico. La bobina, en sí misma, constituye una metáfora de la madre; el juego "presencia-ausencia" es otra metáfora en la medida en que simboliza los regresos y las partidas. Por otra parte, la actividad lúdica del niño —y éste es el hecho más instructivo en la observación de Freud— nos demuestra que ha invertido la situación a su favor: "Si consideramos las cosas sin prejuicios, llegaremos a la conclusión de que el niño ha transformado su experiencia en juego por otro motivo. Estaba pasivo, a merced de los hechos. Pero al repetirlo como un juego, por más desagradable que sea, asume un papel activo."[156]

Efectivamente, el niño ha invertido la situación ya que ahora es él quien *simbólicamente* deja a su madre. La inversión simbólica que se ha operado es la justificación más evidente de la puesta en marcha de un proceso de dominio: *el niño se ha adueñado de la ausencia* gracias a una identificación. La madre lo echaba al ausentarse y ahora es él quien la echa al arrojar la bobina. De allí la intensa alegría del niño al descubrir su dominio sobre la ausencia del objeto perdido (la madre). En otras palabras, el *fort-da* nos indica que desde ahora logra, fundamentalmente, dominar el hecho de no ser ya el único objeto del deseo de la madre, es decir *el objeto que satisface la falta del Otro; es decir, el falo.* El niño puede entonces movilizar su deseo como *deseo de sujeto* hacia objetos que reemplacen al objeto perdido. Pero el acceso al lenguaje (acceso a lo simbólico) constituye el signo indiscutible del dominio simbólico del objeto perdido por medio de la realización de la metáfora del *Nombre del Padre* que se afirma en la *represión originaria*.

La represión originaria se presenta como un proceso fundamentalmente estructurante que consiste en una metaforización. Esta metaforización es precisamente la simbolización primordial de la Ley que se cumple en la *sustitución del significante fálico por el significante Nombre del Padre.*

¿Qué supone una simbolización de esta índole? En primer lugar, la experiencia subjetiva por la cual el niño va a sustraerse a una vivencia inmediata para darle un sustituto. Es el sentido más adecuado de esta fórmula de Lacan: "la cosa debe perderse para ser representada." La vivencia inmediata del niño se basa en el modo de expresión de su captura dentro de la *dialéctica del ser:* ser el único objeto del deseo de la madre, ser el objeto que satisface su falta, ser el falo. Para encontrar un sustituto a esta vivencia del ser, el niño tendrá que acceder a la dimensión del tener. Ahora bien, acceder a esa dialéctica supone que el niño es capaz de distinguirse a sí mismo de la vivencia y del sustituto simbólico llamado a representarla. En otros términos, es necesario para esta operación que el niño llegue a ponerse como "sujeto" y no ya solamente como "objeto" del deseo del otro. La aparición de ese "sujeto" se actualiza en una operación inaugural de lenguaje en la que el niño se esfuerza por designar simbólicamente su renunciamiento al objeto perdido. Una designación de este tipo sólo puede basarse en la *represión del significante fálico*, también llamado significante del deseo de la madre.

Tomemos este significante (S1) como aquel que regirá la red posterior de toda la cadena de significantes:

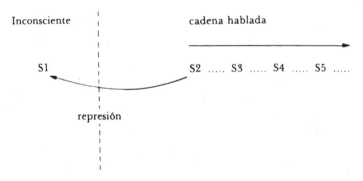

La represión originaria aparece entonces como la intervención intrapsíquica que asegura el pasaje de lo real inmediatamente vivido a su simbolización en el lenguaje. Lacan insiste en este hecho fundamental por medio de fórmulas como las siguientes:

"La palabra es el asesinato de la cosa."
"Si no se puede tener la cosa (el objeto perdido) se la mata, al simbolizarla por medio de la palabra."

Para comprender el mecanismo por el cual la represión originaria permite el acceso a la metáfora paterna volveremos a la fórmula que adelantamos previamente para mostrar la sustitución metafórica:

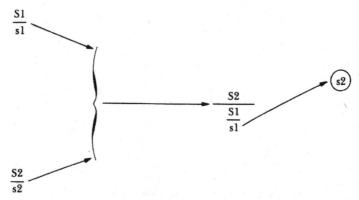

El proceso metafórico consiste en introducir un nuevo significante (S2) que hace pasar bajo la línea de significación al viejo significante y en consecuencia queda provisoriamente en el inconsciente. Lacan esquematiza el principio de esta sustitución por medio de un algoritmo de este tipo:

$$\frac{S2}{\not{S}1} \quad \frac{\not{S}1}{x} \longrightarrow S2 \left(\frac{I}{x} \right)^{157}$$

Se puede ilustrar su mecanismo en la experiencia del *fort-da* en la que el niño demuestra su renuncia a la expresión de su deseo original a través de las ausencias / presencias de su madre:

> "¿Qué quiere ella? Yo quisiera que me deseara a mí, pero es evidente que hay algo más, hay otra cosa que la preocupa. Lo que la preocupa es la x, es el significado. El significado de las idas y venidas de la madre es el falo."[158]

Presentemos la expresión de ese deseo original como designada por la relación significante:

$$\frac{S1}{s1} \longleftrightarrow \frac{\text{Significante del deseo de la madre}}{\text{Idea del deseo de la madre: falo}}$$

En un momento dado de la evolución edípica, el niño llega a asociar la ausencia de la madre con la presencia del padre. El niño supone que si la madre se ausenta de su lado es porque está presente junto al padre. Ese es el momento crucial en el que, para el niño, el padre aparece, primero, como un objeto fálico rival y luego como el supuesto poseedor del falo. El niño ha elaborado entonces una relación significante ya que puede *designar / nombrar* la causa de las ausencias de su madre al convocar la referencia del Padre que tiene falo, es decir, el *padre simbólico*. Dicho de otro modo, aquí es donde interviene especialmente el *Nombre del Padre* asociado a la Ley simbólica que encarna. El nombre del Padre es una designación del reconocimiento de una función simbólica circunscrita al lugar en el que se ejerce la ley. Esta designación es producto de una metáfora. El Nombre del Padre es el nuevo significante (S2) que reemplaza, para el niño, al deseo de la madre:

> "La función del padre en el complejo de Edipo es la de ser un significante que reemplaza al significante, es decir, al primer significante introducido en la simbolización, o sea, el significante materno (...) Por eso el padre, según la fórmula de la metáfora que les he explicado, viene en lugar de la madre (S en lugar de S') que es la madre que ya está ligada a algo que era x, es decir, a algo que era el significado en la relación del hijo con la madre."[159]

Durante la sustitución significante, el significante del deseo de la madre S1 es objeto de una represión (represión originaria) y se hace inconsciente. Como lo recuerda Lacan, "Al ser reemplazada la madre como significante, por el padre, se produce el resultado habitual de la metáfora, que se expresa en la fórmula":[160]

$$\frac{\text{Nombre del Padre}}{\text{Deseo de la madre}} \cdot \frac{\text{Deseo de la madre}}{\text{Significado al sujeto}} \rightarrow \text{Nombre del Padre} \left(\frac{O}{\text{falo}}\right)^{16}$$

En esta fórmula de la metáfora volveremos a encontrar el algoritmo general:

$$\frac{S2}{S1} \cdot \frac{S1}{s1} \rightarrow S2 \left(\frac{I}{s1}\right)$$

En el segundo término de la fórmula, el símbolo "I" (inconsciente) nos recuerda que S1 fue reprimido en favor de la sustitución de S2 que de aquí en más es un significante asociado al significado (s1) del deseo de la madre, o sea el *falo*. En la fórmula que precede, encontramos la marca de esa expresión en la presencia del símbolo "O" (otro) que nos indica que "la presencia del significante en el Otro es, en efecto, una presencia inaccesible para el sujeto ya que habitualmente permanece reprimido *(Verdrängt)* y desde allí insiste en representarse en el significado, por medio de su automatismo de repetición *(Wiederholungszwang).*"[162]

En realidad, el automatismo de repetición nos lleva a esta conclusión: al "nombrar al Padre", el niño sigue nombrando, de hecho, al objeto fundamental de su deseo. Pero ahora lo nombra metafóricamente porque ha sido desplazado hacia el inconsciente. La vocación del símbolo del lenguaje es expresar la perennidad del objeto fundamental del deseo con una designación que se efectúa a espaldas del sujeto. Es lo mismo que decir, junto con Lacan, que el lenguaje permite "eternizar su expresión" al socializarla en el registro simbólico de la comunicación intersubjetiva. También se esclarece lo que se pone en juego intrínsecamente en el complejo de Edipo en donde la metáfora del Nombre del Padre da prueba de la actualización de la *castración* que interviene del único modo en que es inteligible: la *castración simbólica.* En efecto, al término del Edipo, el falo aparece como la pérdida simbólica de un objeto imaginario.

LA METONIMIA DEL DESEO

La represión originaria y la metáfora paterna le imponen al deseo la mediación del lenguaje. Más precisamente, el que inaugura la *alienación del deseo en el lenguaje* es el significante Nombre del Padre. Al hacerse palabra el deseo se transforma en el reflejo de sí mismo. El *deseo de ser* reprimido en favor del *deseo de tener* obliga al niño a dirigir su deseo hacia el campo de objetos sustitutivos del objeto perdido. Para lograrlo, la única posibilidad del deseo es hacerse palabra y ponerse de manifiesto en una demanda. Pero al hacerse demanda, el deseo se pierde cada vez más en la cadena de los significantes del discurso. Podemos decir, en efecto, que de un objeto al otro, el deseo remite siempre a una sucesión indefinida de significantes que simbolizan a esos objetos sustitutivos, designando así, a pesar del sujeto, a su deseo original.

El deseo queda para siempre insatisfecho porque tuvo la necesidad de hacerse lenguaje. Por eso es que renace continuamente puesto que siempre está en otro lugar, fundamentalmente, fuera del objeto designado o del significante susceptible de simbolizarlo. En otras palabras, el deseo ha tomado *el camino de la metonimia*. La metáfora del Nombre del Padre obliga al niño a tomar la parte (objeto sustituto) por el todo (objeto perdido). Así como una "vela en el horizonte" designa el todo (la nave) por la parte (la vela), así también el deseo insiste en designar al deseo del todo (objeto perdido) por la expresión del deseo de la parte (objetos sustitutos).

En conclusión, la metáfora paterna constituye un momento profundamente estructurante en la evolución psíquica del niño. Además de introducir al niño en la dimensión simbólica al desprenderlo de su atadura imaginaria con la madre, le confiere la categoría de *sujeto deseante*. El beneficio de esta adquisición sólo se obtiene por medio de una nueva alienación. En efecto, en cuanto se transforma en sujeto *deseante* el deseo del *ser parlante (parlêtre)* se vuelve cautivo del lenguaje en el que se pierde como tal, para ser representado solamente por significantes sustitutos que imponen al objeto del deseo la calidad de *objeto metonímico*.

Con justa razón, según Lacan, la metáfora del Nombre del Padre resulta una *encrucijada estructural* de importantes consecuencias. Sus implicaciones son múltiples; su fracaso puede ser la causa de la instalación de procesos psicóticos; su realización exitosa puede alienar el deseo del sujeto en la dimensión del lenguaje creando una estructura de división subjetiva *(Spaltung)* que lo separa irreversiblemente de una parte de sí mismo y produce el advenimiento del inconsciente. Ahora habrá que abocarse al análisis de esas consecuencias.

14.

La forclusión del Nombre del Padre
Enfoque de los procesos psicóticos

La metáfora paterna tiene una función estructurante puesto que es la fundadora del sujeto psíquico como tal. Por lo tanto, si algo falla en la represión originaria, la metáfora paterna no se produce. A partir de los trabajos de Freud, Lacan desarrolló una serie de reflexiones absolutamente originales sobre este aspecto:

> "Intentemos concebir ahora una circunstancia de la posición subjetiva en la que, al llamado del Nombre del Padre responde, no ya la ausencia del padre real, ya que esta ausencia es más que compatible con la presencia del significante, *sino la carencia del significante mismo* (...)
>
> "Extraigamos de varios textos de Freud un término que está lo suficientemente articulado como para volverlos justificables si ese término no designa allí una función del inconsciente diferente de lo reprimido. Tenemos por demostrado lo que fue el nudo de mi seminario sobre las psicosis,[163] es decir que ese término se remite a la implicación más necesaria de su pensamiento cuando éste se mide con el fenómeno de la psicosis: es el término *Verwerfung*."[164]

Esa *Verwerfung*, traducida por el término forclusión, aparece como el mecanismo que puede hacer fracasar la represión originaria. Esta tesis constituye, básicamente, el aporte original que introduce Lacan en las reflexiones freudianas sobre la discriminación metapsicológica de las neurosis y las psicosis.

A partir de la segunda mitad del siglo XIX, la reflexión psiquiátrica se volcó repetidas veces hacia la elaboración de un argumento que diera cuenta de esta discriminación; este argumento debía ser pertinente en el plano teórico y operatorio desde el punto de vista clínico. Uno de los principales ejes de esta reflexión se planteó, fundamentalmente, la hipótesis de una etiología psicogenética de la psicosis. La obra de Freud introduce un cambio tan profundo en ese aspecto, que se la podría considerar doblemente subversiva. Por una parte, porque las tesis freudianas parecen haber roto deliberadamente con las hipótesis organogenéticas de la época. En segundo lugar, porque al poner a prueba la noción de psicosis a través de la teoría analítica, Freud lograba poner en evidencia las bases de una etiología psicogenética de lo más original. De hecho, la especificidad de esta concepción es por demás osada. Por un lado, encara la particularidad del proceso psicótico dentro de un cuerpo de proposiciones teóricas destinadas inicialmente a dar cuenta de la etiología de las neurosis. Por otro lado, intenta fundamentar sus argumentos en consideraciones estructurales y no sobre simples consideraciones cualitativas y diferenciales.

Sin embargo, por innovadora que haya sido, la concepción psicoanalítica freudiana de las psicosis nunca será satisfactoria en la medida en que no logra promover una especificación pertinente de la etiología del proceso psicótico. Concretamente, las referencias teóricas de Freud no permiten elaborar un criterio suficientemente eficaz para diferenciar estructuralmente las neurosis de las psicosis. La especificación freudiana de la psicosis está en cierto modo sobredeterminada por las concepciones psiquiátricas de su época. Probablemente, los índices más claros de esta influencia se encuentran en la concepción que desarrolla Freud con respecto a la relación que mantiene el sujeto con la realidad, en las psicosis.

Sabemos que, en principio, Freud circunscribió la naturaleza del proceso psicótico al campo de la "pérdida de la realidad" y su incidencia correlativa que provocaría en el sujeto la necesidad de reconstruir de manera delirante esa realidad que le resulta ajena.[165] Si bien Freud aborda correctamente esos dos aspectos del proceso psicótico dentro de un campo de explicación decididamente psicoanalítico, deja ver la marca del estereotipo psiquiátrico de su época al asociar la *pérdida de la realidad* y la *construcción delirante* como una relación de causa a efecto. De este modo, al aceptar una reciprocidad casi lógica entre esos dos signos del cuadro psicótico, las manifestaciones delirantes por sí mismas podrían constituir el indicio diagnóstico del proceso psicótico.

A este punto semiológico sumamente problemático se agrega el hecho de que Freud, hacia el fin de su obra, se verá obligado a relativizar su primer concepto sobre la diferencia entre neurosis y psicosis en lo referente a la pérdida de la realidad. Según su primer punto de vista el neurótico *huiría* de la realidad, en tanto que el psicótico la *negaría*. En 1938, una profunda reflexión sobre la noción de *Ichspaltung* ("escisión del yo") le impone esa revisión.[166] La pérdida de la realidad será concedida como un corte parcial en la medida en que solamente una parte del yo sería separada de la realidad en las psicosis. Por otra parte, la "escisión del yo" no estaría presente únicamente en las psicosis sino también en las neurosis y las perversiones, como ya se lo había hecho suponer el problema del fetichismo.[167] Dicho de otro modo: ni la "pérdida de la realidad" ni la "escisión del yo" pueden constituir un criterio metapsicológico eficaz para diferenciar las neurosis de las psicosis.

Sabemos todo lo que Lacan elaboró a partir de la noción freudiana de "escisión psíquica" sobre todo en cuanto a las consecuencias de la metáfora paterna. Justamente una de estas consecuencias lo llevó a tomar a la *forclusión* como un criterio metapsicológico eficaz para la discriminación de los procesos psicóticos. En primer lugar, la noción de forclusión permite comprender, según Lacan, por qué ciertos mecanismos característicos de las neurosis —en especial la represión— no permiten explicar el advenimiento del proceso psicótico; en segundo lugar, permite explicar cuál es la aptitud del mecanismo de forclusión para especificar el proceso psicótico cuando afecta a este significante particular: el Nombre del Padre. El aporte explícito de Lacan con respecto a Freud reside precisamente en este último punto. Si el Nombre del Padre está forcluido en el lugar del Otro, la metáfora paterna ha fracasado de manera tal que, para Lacan, eso es lo que constituye "la carencia que le da a la psicosis su condición esencial con la estructura que la separa de las neurosis."[168]

En otros términos, la forclusión del Nombre del Padre, que neutraliza el advenimiento de la represión originaria, hace fracasar, al mismo tiempo, la metáfora paterna y compromete gravemente el acceso del niño a lo simbólico e incluso se lo impide. El advenimiento de una promoción estructural en el registro del deseo corre el riesgo de estancarse en una organización arcaica en la que el niño queda prisionero de la relación dual imaginaria con la madre.

Uno de los estudios clínicos expuestos por M. Patris en su informe de psiquiatría presentado en el Congreso de Psiquiatría y Neurología de lengua francesa en 1981[169] brinda una excelente ilustración de las incidencias de esa forclusión del Nombre del Padre. En el estudio del caso clínico de Anita, dos de las dimensiones clínicas que sustentan habitualmente la carencia de la función paterna están perfectamente puestas en evidencia. Por un lado, se trata de la forclusión del Nombre del Padre, cuando *este significante es negado en el discurso de la madre*. Por otro lado, la cuestión de *la circulación del falo en la genealogía materna* que no deja ningún lugar al padre simbólico y, por ende, tampoco a la posibilidad de simbolizar la ley del padre instituyendo la castración simbólica. Alrededor de estos dos aspectos clínicos encontramos uno de los ejes centrales del pensamiento de Lacan sobre la causalidad significante en el advenimiento de los procesos psicóticos:

> "Sobre lo que,queremos insistir, es que no sólo hay que ocuparse del modo en que la madre se adapta a la persona del padre, sino de la importancia que le da a su palabra, digamos la palabra justa, a su autoridad, es decir, *el lugar que ella reserva al Nombredel-Padre en la promoción de la ley.*"[170]

Dejemos aquí este enfoque lacaniano de las psicosis sobre el que volveremos posteriormente a la luz de argumentos surgidos de otra consecuencia fundamental inducida por la metáfora paterna: *la división del sujeto (Spaltung)* y su incidencia en la articulación del discurso delirante.[171]

15.

La división del sujeto
y el advenimiento del inconsciente
por el orden significante

La metáfora del Nombre del Padre es un proceso inaugural en la evolución psíquica en más de un aspecto. Además de permitirle al niño advenir Sujeto al acceder a lo simbólico (y a la práctica de la lengua materna) establece en el sujeto una estructura de división psíquica *(Spaltung)* irreversible. Ahora bien, el principio que gobierna la metáfora del Nombre del Padre se sustenta exclusivamente en un efecto significante, particularmente en una sustitución significante. El orden significante es, precisamente, el que hace que el sujeto llegue a su estructura de división. Esto equivale a decir que *el sujeto está dividido por el orden mismo del lenguaje.* Por otra parte, la metáfora paterna se apoya en la represión originaria, es decir, en el advenimiento del inconsciente; por lo tanto, *el inconsciente, como tal, está también a su vez, sujeto al orden del significante.* Esta organización metapsicológica que constituye indudablemente el argumento más crucial a favor de la tesis del *inconsciente estructurado como un lenguaje,* exige un examen detallado tanto en sus principios constitutivos como en sus implicaciones.

Ya la noción de *Spaltung* merece varias observaciones terminológicas preliminares.

De acuerdo con J. Laplanche y J. B. Pontalis,[172] el concepto de división psíquica ya estaba formulado implícitamente en cierto número de trabajos psicopatológicos de fines del siglo XIX; especialmente en los trabajos sobre hipnosis e histeria. Expresiones como *doble conciencia* o *disociación psíquica,* tal como aparecen en los *Estudios sobre la histeria,*[173] deben ser comprendidos en el sentido de una división psíquica del sujeto. Esta noción de división psíquica reaparecerá con mucha más precisión en los trabajos de P. Janet, pero sobre todo en los de J. Breuer y S. Freud. Luego se lo llamó sucesivamente de la siguiente manera: *escisión de la conciencia, escisión del contenido de la conciencia, escisión psíquica.* La noción freudiana del inconsciente se perfilará, tal como la conocemos, alrededor de esas expresiones. Desde 1893 Freud establece, sin discusión, que, en la histeria, el sujeto consciente está separado de una parte de sus representaciones. El inconsciente aparece entonces como un lugar autónomo que se constituye fuera del campo de la conciencia por medio de la intervención de la represión. En ese sentido ya podemos tomar esta división psíquica como una división del sujeto.

En la obra de Freud la división psíquica se expresa adecuadamente en el término *Ichspaltung* que ha sido traducido como *escisión del yo.*[174] Esta noción surgió progresivamente en la obra de Freud, principalmente en sus trabajos de 1927 a 1938.[175] Y allí aparece como algo diferente de la división psíquica propiamente dicha. Como lo señalan J. Laplanche y J. B. Pontalis,[176] la escisión del yo es, ante todo, una *escisión intrasistémica, o sea una escisión interna del Yo.* En cambio, la división psíquica establecida por Freud y Breuer en los *Estudios sobre la histeria* es una *escisión intersistémica.* En una referencia rápida a la segunda tópica podríamos citar aquí una división entre el yo y el ello.

La noción de *Spaltung* es, en la obra de Freud, relativamente polivalente. Por un lado muestra que el aparato psíquico está dividido en instancias. Por otro lado indica que una instancia psíquica está a su vez dividida. Finalmente precisa, a un nivel más amplio, que una parte de los contenidos psíquicos del sujeto están fuera de su alcance bajo la acción de la represión.

Una última observación preliminar nos lleva al significado del término *Spaltung* tal como aparece fundamentalmente en el campo de la psiquiatría con la obra de E. Bleuler. De ninguna manera se pueden confundir la *Spaltung* de Bleuler con la *Spaltung* freudiana. En la obra de Bleuler, el término *Spaltung* tiene un sentido genérico muy particular que designa un hecho clínico esencial de las esquizofrenias.[177] En ese sentido se inscribe a la vez en un conjunto de consideraciones semiológicas y en un principio de organización del funcionamiento psíquico que nada tienen que ver con las perspectivas metapsicológicas del psicoanálisis. La referencia a la *Spaltung* de Bleuler, actualmente registrada con el término de "disociación", se refiere, en psiquiatría contemporánea, exclusivamente a los síndromes esquizofrénicos. En este sentido esta noción recubre nociones anteriores como la "discordancia" de Chaslin o la "ataxia intrapsíquica" de Stransky.

Para Lacan la *Spaltung* es indudablemente la característica más inaugural que define la subjetividad porque es precisamente lo que permite advenir al sujeto y estructurarse de acuerdo con cierto modo psíquico. No se trata, pues, de una escisión intrasistémica. La *Spaltung* no introduce tampoco en el registro de una escisión intersistémica. Según Lacan la *Spaltung* aparece como aquello que convierte al aparato psíquico en un sistema plurisistémico. En ese sentido puede considerársela como *división inaugural del sujeto* que proviene del propio vínculo del sujeto con un tercer orden que es el orden simbólico, o más exactamente el orden que va a mediatizar la relación del sujeto con lo Real, uniendo, para el sujeto, lo Imaginario y lo Real. Esta operación se realiza con la instalación del proceso de la metáfora paterna después de la cual un símbolo del lenguaje (el Nombre del Padre S2) designará metafóricamente al objeto primordial del deseo que se ha vuelto inconsciente (significante del deseo de la madre, significante fálico S1):

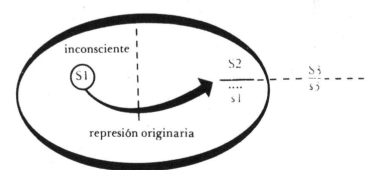

Si el niño sigue nombrando, *sin saberlo,* al objeto de su deseo significando el Nombre del Padre, cabe una única conclusión: *el niño ya no sabe lo que dice en lo que enuncia.* Es otra manera de ver que el niño accede al lenguaje sin saber lo que dice cuando habla. El lenguaje aparece entonces como una actividad subjetiva por medio de la cual *uno dice algo absolutamente diferente de lo que uno cree decir en lo que dice*. Ese "algo absolutamente diferente" se instituye fundamentalmente como el inconsciente que queda fuera del alcance del sujeto que habla, porque se encuentra constitutivamente separado de él.

Esta división subjetiva inducida por el orden significante hace que el lenguaje aparezca como aquello que *condiciona* al inconsciente haciéndolo aparecer y manteniéndolo en un lugar electivo. Lacan insiste:

> "El lenguaje es la condición del inconsciente (...) El inconsciente es la implicación lógica del lenguaje: en efecto, no hay inconsciente sin lenguaje."[178]

Decir que el Sujeto está dividido es para Lacan lo mismo que decir que *no hay más Sujeto que el ser hablante* (el *parlêtre*). Esto implica reconocer que *la causa del sujeto se sustenta en la formación del inconsciente*. En otros términos, es aceptar que *el orden significante es el que causa al sujeto, estructurándolo en un proceso de división que produce el advenimiento del inconsciente*.

Estas tesis fundamentales del trabajo teórico de Lacan constituyeron un punto de ruptura decisivo con el pensamiento psicoanalítico contemporáneo, como lo ilustra la controversia que se desarrolló durante el célebre coloquio de Bonneval de 1960, organizado por H. Ey sobre el tema de "El inconsciente".[179] En esa oportunidad, J. Laplanche llegaba a conclusiones diametralmente opuestas al adherir a la tesis del inconsciente como condición del lenguaje, lo que llevó a Lacan a intervenir para precisar sus puntos de vista.[180]

A través de esta estructura de división del Sujeto, la represión originaria participa, en primer lugar, en el advenimiento del inconsciente. Hemos visto que esa represión originaria recaía electivamente sobre el significante del deseo de la madre (significante fálico). Por razones de economía didáctica hablamos *del* significante fálico, pero más allá de esta simplificación conceptual no hay que olvidar que probablemente se trate de varios significantes diferentes, susceptibles de intervenir como significantes fálicos, puesto que todos son capaces de designar algo del orden del deseo de la madre. Llamaremos a estos significantes *significantes primordiales*. Es decir que son significantes que se prestarían a posibles sustituciones metafóricas al término de las cuales constituirán un núcleo inconsciente: lo *reprimido originario*.

Esa represión originaria de significantes primordiales debe ser situada nuevamente dentro de la teoría freudiana de la *represión* expuesta en 1915.[181] Freud describía allí el proceso de la represión como un mecanismo organizado en tres tiempos: a) la represión originaria; b) la represión propiamente dicha o represión a posteriori; c) el retorno de lo reprimido en formaciones inconscientes. La represión propiamente dicha sería provocada por la represión originaria que afecta al núcleo de representaciones elementales fuertemente cargadas, es decir, esos significantes primordiales ligados al deseo de la madre. Esta catexia hace que el núcleo inconsciente originario sea fuertemente atractivo. Esa es la razón por la que Freud considera a la represión originaria como un proceso de contracatexia que "representa la defensa permanente de una represión originaria, pero que garantiza su permanencia. La contracatexia es el único mecanismo de la represión originaria".[182]

En estas condiciones podemos decir que el significante del deseo de la madre puede ser reprimido y mantenido en el inconsciente porque el significante Nombre del Padre es objeto de una poderosa contracatexia. Lo reprimido originario es capaz de ejercer una gran atracción sobre otros contenidos (significantes) eventuales. Y más aún si tenemos en cuenta que se le sumarán fuerzas de repulsión provenientes de instancias superiores como el yo y el superyó. La *represión secundaria* o represión propiamente dicha se elaborará sobre la base de este doble proceso. De este modo, la represión secundaria perpetúa, de alguna manera, la división del sujeto instaurada por la metáfora paterna. También establece el lugar del inconsciente como un lugar de significantes organizados según la trama de un discurso, o sea una organización significante *análoga* a la de un lenguaje del que el sujeto hubiera perdido el dominio. Por esa razón Lacan declarará que *el inconsciente es el discurso del Otro* (discurso del otro del sujeto que le es ajeno a causa de la *Spaltung*).

El advenimiento de esta organización significante dentro del inconsciente puede metaforizarse con el esquema que presentamos a continuación:

Este esquema muestra el principio de la constitución progresiva de la cadena significante inconsciente que se organiza por me-

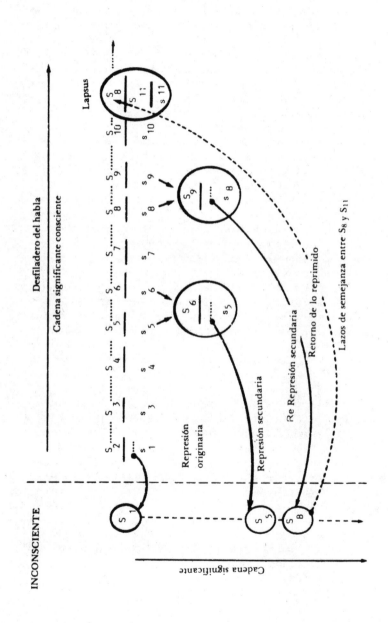

dio de la intervención de "represiones metafóricas" sucesivas. Así, esta cadena de significantes inconscientes será sometida al proceso primario. Los significantes reprimidos podrán entonces retornar siempre al sujeto gracias a sustituciones significantes metafóricas y/o metonímicas, como por ejemplo en el caso de un lapsus que irrumpiera en la cadena hablada consciente según el principio de una sustitución como:

$$\frac{S8}{S11} \quad \text{(Véase figura)}$$
$$\overset{\leftarrow}{s11}$$

Además, como lo hace notar Lacan, "basta con una composición mínima de la batería de los significantes para que pueda establecer en la cadena significante una duplicidad que englobe su reduplicación del sujeto, y ese redoblamiento del sujeto en la palabra es donde el inconsciente podrá articularse como tal."[183]

16.

La división del sujeto
La alienación en el lenguaje

La división del sujeto operada por el orden significante establece otra propiedad fundamental de la subjetividad: la alienación del sujeto en y por el lenguaje, de acuerdo con el tipo de relación que establezca con el orden simbólico. En esta relación el sujeto demuestra su *carácter profundamente inesencial,* ya que en cierto modo desaparece como sujeto en la cadena significante.

Es propio de la articulación del lenguaje evocar algo real por medio de un sustituto simbólico que produce, indefectiblemente, una escisión entre la vivencia real y aquella que la representa. En otros términos, el sustituto simbólico que significa ese hecho real no es en sí mismo lo real sino aquello que lo representa, de acuerdo con el aforismo de Lacan: "La cosa debe perderse para poder ser representada". El lenguaje posee, entonces, la singular propiedad de representar *la presencia de algo real por medio de su propia ausencia como tal;* es decir, como lo expresa Lacan, "gracias a la palabra que es una presencia hecha de ausencia, es la ausencia misma lo que se nombra."[184] En tales condiciones, la relación del sujeto con su propio discurso se sustentará en el mismo efecto de la escisión. Eso quiere decir que el sujeto sólo figura en su propio discurso a costa de esta misma escisión: desaparece como sujeto y sólo se encontrará representado bajo la forma de un símbolo. Este es precisamente el proceso al que hace referencia J. A. Miller, con el nombre de *sutura,* al que define como aquello que "nombra la relación del sujeto con la cadena de su discurso", y agrega que "el sujeto figura allí como el elemento que falta, en calidad de reemplazante. Ya que, al faltar, no está pura y simplemente ausente."[185] Esa es la misión que cumplen ciertos símbolos privilegiados: el "nombre", el "yo" (je), el "yo-yo" (moi-je), el "tú", el "él", el "se", es decir, en el sentido etimológico del término, pro-nombres cuya función es asegurar la representación simbólica del sujeto en su discurso.

La relación del sujeto con su propio discurso reside en un hecho singular: el sujeto está *presente* en él a costa de mostrarse *ausente en su ser*. Además de mostrar una vez más la estructura de división del sujeto, esta relación pone en evidencia que el sujeto, en cuanto ha accedido al lenguaje, se pierde en este lenguaje que lo ha causado. No sólo *el sujeto no es causa del lenguaje, sino que es causado por éste.* Esto quiere decir que el sujeto que adviene por medio del lenguaje sólo se inserta en él como un efecto; un efecto del lenguaje que lo hace existir para *eclipsarlo, inmediatamente, en la autenticidad de su ser.* Lacan designa este eclipse como el *desvanecimiento del sujeto* (fading) que hace que el sujeto sólo pueda captarse a través de su lenguaje, en calidad de *representación,* de *máscara* que lo aliena pues lo oculta ante sí mismo. Esta alienación del sujeto dentro de su propio discurso es, precisamente, la división del sujeto.

El lenguaje es un sistema de signos en oposición de tal modo que un significante, dentro de una cadena significante, sólo cobra sentido en relación con todos los demás. Esta propiedad que en la obra de Saussure se denomina *valor del signo* engloba, como hemos visto, a la noción lacaniana de *puntada.*[186]

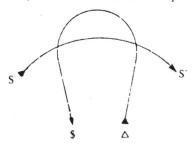

La *puntada* metaforiza esta propiedad del lenguaje según la cual en una cadena hablada un significante sólo cobra sentido *a posteriori* puesto que el último significante es el que, retroactivamente, otorga el sentido.[187]

Ahora bien, la metáfora paterna concluye en el punto siguiente: si el orden significante es el que permite aparecer al sujeto, el sujeto sólo se encuentra representado en ese lenguaje que lo ha causado.

De esto se desprende una conclusión esencial que inserta la relación del sujeto en el orden de su discurso: *un significante es aquello que representa un sujeto para otro significante*. Esta consecuencia es, en efecto, inducida inevitablemente por la estructura intrínseca del sistema de la lengua. Si el sujeto figura en el discurso es únicamente gracias a un *representante*, y si, por otra parte, quien lo promueve como sujeto en el discurso es un significante, sólo puede ser con respecto a otro significante. Por eso *el sujeto debe ser considerado como un efecto del significante*, y sólo como un efecto. Bajo ningún concepto puede ser causa del significante. La noción lacaniana del *sujeto barrado*: $ se fundamenta enteramente en esta consecuencia. El sujeto sólo adviene como sujeto (borrado) por el orden significante, es decir borrado a sí mismo.

> "El registro del significante se establece porque un significante representa a un sujeto para otro significante. Es la estructura, sueño, lapsus y chiste, de todas las formaciones del inconsciente. Y también es lo que explica la división originaria del sujeto.
>
> Al producirse en el lugar del Otro (aún no localizado), el significante hace surgir el sujeto del ser que aún no tiene la palabra, pero al precio de fijarlo. Lo que estaba listo para hablar (...) desaparece pues sólo es un significante."[188]

Lacan agrega:

> "El efecto de lenguaje es la causa introducida en el sujeto. Este efecto hace que no sea causa de sí mismo; lleva en él la larva de la causa que lo divide. Puesto que su causa es el significante, sin el cual no habría ningún sujeto en lo real. Pero ese sujeto es aquello que representa el significante y no podría representar nada salvo para otro significante que es a lo que se reduce el sujeto que escucha."
>
> "Al sujeto, entonces, no se le habla. Ello habla de él y es ahí donde él se capta, y eso tanto más forzosamente si tenemos en cuenta que antes de que por el simple hecho de que ello se dirigiera a él y él desapareciera como sujeto bajo el significante en el cual se convierte, él no era absolutamente nada. Pero esa nada se apoya en su advenimiento, que se produce ahora por el llamado hecho en el Otro al segundo significante."[189]

Explicitemos aun más el sentido y el alcance de esta tesis lacaniana esencial: *un significante es aquello que representa un sujeto para otro significante*. El principio mismo de la metáfora paterna es lo que mejor ilustra esta tesis. En la metáfora del Nombre del Padre, el advenimiento de S2 que sustituye a S1 es lo que le permite aparecer al sujeto hablante, de tal manera que S2 es el significante que representa al sujeto frente a otro significante (S1). La misma operación se reitera a medida que se constituye la cadena significante[190] ya que esta cadena hablada está estructurada de tal modo que el sentido de un signo depende del sentido de todos los otros. Pero en cierta manera, el sentido del signo también es tributario de un acto de simbolización que consiste, precisamente, en la construcción del signo por medio de la asociación de un significante y un significado. El advenimiento de este signo es posible únicamente gracias a que un sujeto participa en su elaboración. Desde este punto de vista el sentido del signo podría definirse como aquello que *representa* la intervención de un sujeto. Al depender del sentido de los otros signos, el sentido de un signo actualiza la intervención de un sujeto con respecto al sentido de otro signo. Ahora bien, tenemos derecho a separar el sentido y el signo como tales, en virtud de la primacía del significante sobre el significado. Al retener solamente el significante se ve claramente que *un significante es aquello que representa un sujeto para otro significante*.

Falta aclarar un punto: ¿cuál es el papel del significado en relación con el significante? Hay que examinar este asunto desde su punto de partida, es decir al nivel de la represión originaria. Retomemos el esquema del momento constitutivo de la metáfora del Nombre del Padre y la instalación de la cadena hablada que completaremos de la siguiente manera:

A partir de la construcción de la metáfora paterna, el niño que accede al lenguaje ya no sabe lo que dice (S1 reprimido) en lo que enuncia (S2). En el "desfiladero del habla" la cadena hablada se organiza como una continuidad de signos discretos, es decir, de significantes asociados a significados. Ciertas circunstancias pueden producir represiones secundarias que se realizan bajo la forma de procesos metafóricos. Como consecuencia de esos procesos algunos otros significantes pasan a ser inconscientes (S5 y S8 en el esquema). Eso no quiere decir que $\frac{S5}{s5}$ y $\frac{S8}{s8}$ desaparecieran de la cadena hablada. Figuran en ella y siguen siendo siempre construcciones disponibles gobernadas por el código de la lengua. El sujeto siempre puede disponer en su léxico de esos signos, provistos de un sentido preciso, lo que no impide que hayan podido combinarse, sin que lo sepa, dentro de mecanismos metafóricos. En otros términos, la diferencia entre los significantes reprimidos (S5 y S8) y esos mismos significantes en el discurso es su modo de inscripción en la cadena inconsciente y en la cadena hablada. Al mismo tiempo, la función significante varía más allá del significante propiamente dicho.

Los significantes reprimidos retornarán a la vida del sujeto bajo la forma de intervenciones que, como en el caso de un lapsus, podrían subvertir la cadena hablada (ver figura: $\dfrac{S8}{\dfrac{S11}{s11}}$).

También podría darse el caso de una condensación metafórica en un sueño. Tal vez la ilustración más manifiesta sea la que brinda la fobia y la constitución del *significante fóbico*.

Citemos, por ejemplo, un fragmento clínico de una *fobia al cuero* en una joven. Esta fobia, que en un comienzo se había fijado sobre los objetos de marroquinería, se extendió, posteriormente, a la ropa y otros objetos de cuero. Como la mayoría de las fobias, se desencadenó un día sin razón inmediata. A través del análisis se obtiene progresivamente una cierta cantidad de material que permite circunscribir los elementos significantes que contribuyeron a la elaboración del objeto fóbico.

En primer lugar, la evocación de un hecho aproximadamente contemporáneo a la aparición de la fobia: su madre le regala una cartera de cuero cuando cumple 15 años. Mucho más tarde recordará una amenaza materna asociada a una escena traumática. Durante una visita al zoológico, a la edad de seis años, cuando lanzaba comida a la fosa de los cocodrilos, se aterrorizó al sentir el chasquido seco y violento producido por los dientes del cocodrilo al cerrar las mandíbulas. Poco tiempo después, cuando se masturbaba durante un juego infantil, su madre intervino amenazándola: "Si sigues haciendo esas porquerías, te haré cortar la mano por el cocodrilo". Así es como el cocodrilo se volvió significante de la *represión sexual* y más profundamente de la *castración*. Más tarde aprendió en el colegio que el cuero de cocodrilo se empleaba para confeccionar artículos de *marroquinería*. A partir de allí están dadas las condiciones para que se organicen las sustituciones significantes que llevarán al desarrollo de la fobia el día en que su madre le regala una cartera de *cuero*. El regalo materno cataliza, en efecto, asociaciones sig-

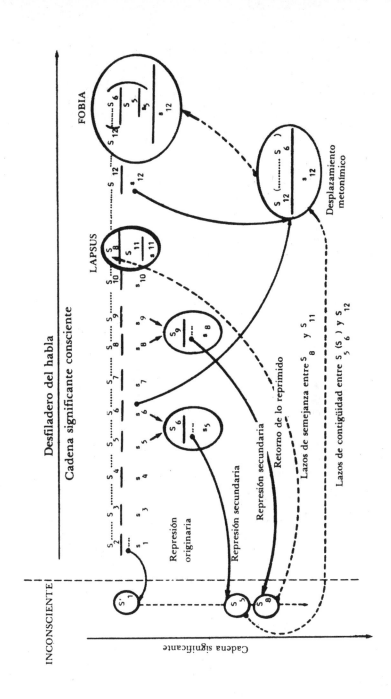

nificantes inconscientes que reactivarán la amenaza de castración y la reprobación materna de la actividad sexual:

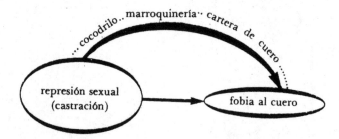

La *fobia al cuero* aparece como el resultado combinado de una represión metafórica y de un desplazamiento metonímico inconsciente.

Refiriéndonos a un esquema anterior,[191] presentamos los siguientes elementos:

$$\frac{S5}{s5} \qquad \text{represión sexual (castración)}$$

$$\frac{S6}{s6} \qquad \text{cocodrilo}$$

$$\frac{S12}{s12} \qquad \text{cuero}$$

Se puede explicar entonces el mecanismo de la fobia a través de la siguiente serie de operaciones inconscientes:

1) Un primer significante: S5 se hace inconsciente como consecuencia de una represión metafórica:

$$\frac{S5}{s5} \cdot \frac{S6}{s6} \longrightarrow \cfrac{S6}{\cfrac{S5}{s5}} \longrightarrow \boxed{s6}$$

Durante esta operación un nuevo significante S6 (cocodrilo) suplanta al significante S5 (represión sexual, castración) que pasa al inconsciente. Dicho de otro modo, S6 sigue funcionando a nivel consciente como el significante ordinario del "cocodrilo", pero a nivel inconsciente es un significante que metaforiza, de ahora en adelante, la "represión sexual / castración" cuyo significante específico ha sido reprimido. S6 se convierte así en un "cocodrilo metafórico" inconsciente.

2) Una segunda operación significante se organiza posteriormente en virtud de un desplazamiento metonímico inconsciente. Cuando la niña aprende que el cuero del cocodrilo se usa para la fabricación de ciertos artículos, el significante "cuero" S12 a su vez se transformará en significante metonímico de "cocodrilo" S6:

$$\frac{S6}{s6} \quad \frac{S12}{s12} \longrightarrow \frac{S12\ (...S6)}{s12} \longrightarrow \boxed{s6}$$

3) Para que la fobia se organice basta con una intervención desafortunada por parte de la madre: el regalo de la cartera de cuero. Esta intervención materna cristaliza una última sustitución significante cuyo resultado es la fobia al cuero propiamente dicha; ésta se desencadena cuando en la construcción metonímica precedente el significante S6 (cocodrilo) se pone a funcionar, repentinamente, como aquello que es inconscientemente, es decir, el "cocodrilo metafórico" de tal modo que el significante "cuero" S12 se liga metonímicamente al significante reprimido de la represión sexual S5.

Podemos esquematizar la fobia al cuero en la siguiente sustitución significante:

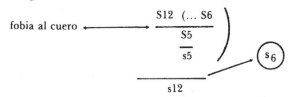

El resultado de estas sustituciones significantes sucesivas demuestra que el significante "cuero" significa simultáneamente algo absolutamente diferente de la idea de cuero. Por eso esta mujer sabe lo que es cuero pero al mismo tiempo *no sabe* por qué le provoca terror. Y no puede saberlo ya que más allá de la significación habitual a la que S12 la sigue remitiendo, S12 está ligado, metafórica y metonímicamente, sin que ella lo sepa, a S5 que está en el inconsciente.

En conclusión, resulta evidente que el destino del significado es secundario con respecto al significante. Desde el punto de vista del inconsciente, sólo las sustituciones de significantes son decisivas. En ese sentido, la relación del sujeto con la cadena de su propio discurso es ante todo una relación de alienación al significante y por el significante. Aun si los significados siguen actuando, la división del sujeto es lo que define por excelencia la relación de alienación del ser hablante (*parlêtre*) con la cadena de significantes. Una prueba suplementaria de ello es la alienación profunda de la verdad del deseo del sujeto al orden de su discurso.

17.

Sujeto del inconsciente
Sujeto de la enunciación
Sujeto del enunciado

En la perspectiva lacaniana, la división del Sujeto implica la
necesidad de definir una parte de nuestra subjetividad como *sujeto del inconsciente*, como *sujeto del deseo*. Esta conclusión surge de la articulación de la relación del sujeto con su discurso por
el efecto de la *Spaltung*. Esto se encuentra expresado en forma
concisa en el extracto de análisis que Lacan desarrolla en "Position de l'inconscient":[192]

> "Al sujeto, entonces, no se le habla. Ello habla de él y es allí
> donde él se capta."

Todas las consecuencias metapsicológicas vinculadas con el
hecho de que el sujeto está dividido por el orden del significante
se encuentran implícitamente reunidas en estas dos fórmulas. El
"ello habla" hace aquí referencia al Sujeto en su ser, en la autenticidad y la verdad de su deseo. Una verdad de esta índole, evidentemente, no puede ser hablada por el propio sujeto, dado
que él sólo está representado en su discurso. Lo único que puede
hacer es hacerla hablar. A partir de la metáfora del Nombre del
Padre queda claro que S2 hace hablar a S1 ya que el deseo del
sujeto (S1) sólo puede hacerse escuchar a través de un significante de sustitución (S2). La dimensión del lenguaje oculta al sujeto
de sí mismo en la verdad de su deseo. A la inversa, el deseo del
sujeto ello habla de él en su discurso sin que lo sepa. En ese sentido, se puede decir que el deseo recubre estrictamente el registro
del inconsciente. *El sujeto en la verdad de su deseo puede ser considerado entonces como sujeto del inconsciente.* El "ello habla de
él" que designa a este sujeto del inconsciente constituye aquello

de lo que estamos indefectiblemente separados al estar únicamente representados en el lenguaje. Correlativamente, el sujeto hablante articula permanentemente algo de su deseo en el "desfiladero de la palabra". Sugiero ilustrar esquemáticamente esta incidencia del sujeto del inconsciente, del sujeto del deseo, en la articulación significante de la siguiente manera:

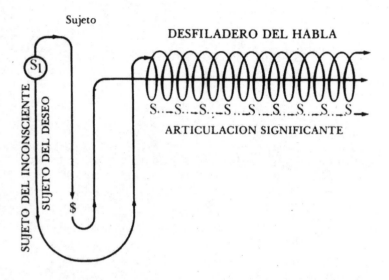

Sin embargo, el lenguaje que hace advenir al sujeto como S es una industria del habla que, como tal, debe ajustarse a la estructura habitual del discurso. Ahora bien, la articulación de un discurso supone la identificación de los dos aspectos que lo caracterizan. El aspecto del *enunciado* del discurso y el acto de *enunciación* que elabora ese enunciado. Esta discriminación, clásica dentro de la lingüística, es absolutamente fundamental desde el punto de vista de Lacan para especificar la relación que el sujeto hablante mantiene con el inconsciente y el deseo.

Antes de ver cómo Lacan nos introduce en lo más profundo del inconsciente y de su sujeto a través del análisis del alcance de esta discriminación, nos referiremos a los sentidos que esta distinción entre enunciado y enunciación puede tomar en el campo lingüístico y también a sus posibles consecuencias.

¿Qué se entiende en lingüística por enunciado? En primer lugar, la idea de una serie acabada de palabras emitida por un locutor. La finalización de un enunciado está dada, generalmente, por un silencio que produce el sujeto hablante para puntuar su articulación. Por otra parte, cada tipo de discurso se caracteriza por una serie de enunciados cualitativamente diferentes.

A partir de la publicación, en 1932, del tratado de *Linguistique générale et de linguistique française* de Bally, se opone tradicionalmente el enunciado a la enunciación. Esta oposición se basa en la misma clase de diferenciación que se puede reconocer entre *fabricación* y *objeto fabricado*. La enunciación es, efectivamente, un acto individual del habla y por lo tanto el enunciado debe ser considerado como el resultado de un acto de enunciación; en otras palabras, como un acto de creación del sujeto hablante.

Desde ese punto de vista, la enunciación plantea cierto número de problemas lingüísticos; en primer lugar, puesto que se trata de un *acto de lenguaje,* es decir de una *iniciativa intencional* del que habla. Ahora bien, el conjunto de factores y de actos que contribuyen a la producción de un enunciado es múltiple. Algunas corrientes de la lingüística se dedicaron a estudiar sistemáticamente esa propiedad del *acto de habla.* Citaremos, especialmente, a la escuela lingüística de Oxford y a J. L. Austin,[193] uno de sus mejores representantes. Mencionaremos también a John Searle de la Universidad de Cambridge (USA),[194] que también se dedicó a los problemas de la enunciación.

Austin trató, en especial, de identificar lo que sucede cuando se produce una enunciación. Esto lo llevó, en una primera etapa, a minimizar la importancia de ciertos enunciados del discurso que la filosofía acostumbra a privilegiar: los *enunciados afirmativos.* De hecho, algunas afirmaciones pueden ser consideradas verdaderas o falsas *desde el punto de vista del acto de la enunciación.* Austin diferencia, así, las afirmaciones auténticas que provienen de una enunciación constatativa de aquellas que hacen algo sin que por eso se las declare verdaderas o falsas: las enunciaciones performativas. Estos últimos actos de enunciación aparecen como enunciaciones que nos permiten *hacer cosas por medio de la palabra misma.* Esto es lo que lleva a Austin a la conclusión de que toda enunciación es, ante todo, un *acto de discurso* que, como tal, apunta a realizar algo.

En una segunda etapa de sus investigaciones, Austin intentará aislar el aspecto de ese acto de enunciación en tanto que *acto* de discurso, aspecto que denominará como valor de *ilocución de la palabra*. Dicho de otro modo, en este caso se trata de un aspecto del habla que puede realizar algo en tanto forma parte de un acto. Austin cita el siguiente ejemplo de frase performativa. A la tradicional pregunta: "¿Acepta por esposo, por esposa a... X ...?", el sí con el que, en principio, responde el interesado, es un *"sí performativo"*: "Comencé haciéndoles centrar la atención, gracias a algunos ejemplos, en ciertas enunciaciones muy simples que pertenecen a lo que llamamos performativo. Estas enunciaciones, a primera vista, parecen 'afirmaciones', a juzgar por su aspecto gramatical. Pero al examinarlas más de cerca, se observa con toda evidencia, que esas enunciaciones no son susceptibles de ser verdaderas o falsas. Ser 'verdadera' o 'falsa' es, sin embargo, la característica tradicional de una afirmación. Uno de nuestros ejemplos, recordemos, era la enunciación 'sí' (tomo a esta mujer como legítima esposa) formulada en el transcurso de una ceremonia de casamiento. En este caso, al pronunciar estas palabras, más que *darnos cuenta* de algo (de que nos casamos) en realidad estamos *haciendo* algo (nos casamos)."[195]

Convengamos en que la observación de Austin no es intrascendente en la medida en que demuestra que *la enunciación no es estrictamente homogénea a la ejecución del enunciado*.

Esto hace que en lingüística se pueda circunscribir la enunciación dentro de ciertos parámetros. Pero el parámetro más importante sigue siendo el que concierne a la puesta en escena del sujeto en su enunciado. Un parámetro semejante remite necesariamente a la naturaleza del representante que hace que el sujeto esté presente en su enunciado, y al que denominaremos *Sujeto del enunciado*. Este parámetro introducirá al sujeto del enunciado de un modo particular que dependerá de que esté presente en forma explícita o, por el contrario, relativamente ausente.

Habitualmente el sujeto se actualiza en sus propios enunciados por medio del "yo" ("je"). Pero el sujeto del enunciado puede también encontrar un representante adecuado en el "se", el "tú", el "nosotros", etc. Estos pronombres le permiten al sujeto mostrar cierta neutralidad subjetiva con respecto a sus propios enunciados, como suele suceder, por ejemplo, en el *discurso didáctico*. En este tipo de discurso constituido por enunciados gnómicos el sujeto articula proposiciones en la forma de la generalidad o la universalidad como por ejemplo: "La tierra gira alrededor del Sol" o: "Se dice que todos los hombres son mortales".

Estos enunciados se caracterizan por abrir una brecha entre el sujeto del enunciado y la enunciación. Por el contrario, pareciera que esa distancia tiende a disminuir en cuanto el sujeto articula un énunciado por su cuenta: "Yo voy al cine". Sin embargo el "yo" de un enunciado de ese tipo no deja de ser, a pesar de todo, un representante del sujeto en el discurso; más exactamente, *un representante convocado por el sujeto en el acto mismo de su enunciación.* Hay que distinguir, entonces, entre el *sujeto del enunciado* propiamente dicho de su participación directamente subjetiva· que lo convoca como tal en el discurso. Esa clase de participación subjetiva que actualiza un representante como sujeto del enunciado en un discurso será denominado *sujeto de la enunciación.* Se trata aquí del locutor considerado como una entidad subjetiva, lugar y agente de la producción de los enunciados.

En cierto modo existe una oposición entre el sujeto del enunciado y el sujeto de la enunciación que no hace más que reiterar la oposición puesta en evidencia en el interior del sujeto a través de la división del sujeto.

La distinción sujeto del enunciado / sujeto de la enunciación remite directamente a la oposición fundamental que señala Lacan entre lo "dicho" y el "decir" que acarrea la consecuencia que se refiere a *la verdad del sujeto que sólo puede decirse a medias.*

Recordemos algunas ideas presentadas por Lacan en "L'Etourdit":

"'Lo dicho' no existe sin 'el decir', se ve que es el caso de muchas cosas, de la mayor parte, incluida la cosa freudiana tal como la·he situado, como lo dicho de la verdad (...) Así es que 'lo dicho' no existe sin 'el decir'. Pero si bien lo dicho se presenta siempre como verdad, aun si nunca pasa de ser un dicho a medias, el decir sólo se acopla al ex-sistir, es decir, al no ser de la 'dit-mension' de la verdad."[196]

Como el sujeto adviene gracias al lenguaje, podemos decir que su advenimiento se produce en el acto mismo de la articulación significante, es decir en la enunciación. Pero, como hemos visto, en cuanto ese sujeto aparece gracias al lenguaje se pierde dentro de él en la verdad de su ser puesto que sólo aparece representado. Al mismo tiempo, la verdad del sujeto, por su parte, se muestra únicamente a través de aquello que permite el advenimiento del sujeto, es decir, en la articulación del lenguaje, en su *enunciación*. A este respecto, el sujeto del inconsciente, *el sujeto del deseo debe ser localizado al nivel del sujeto de la enunciación*, como lo subraya Lacan: "La presencia del inconsciente, para situarse en el lugar del Otro, debe buscarse en todo discurso en su enunciación."[197]

El inconsciente aparece entonces en el *decir*, mientras que en lo *dicho* la verdad del sujeto se pierde y sólo aparece con la máscara del sujeto del enunciado; para hacerse oír no le queda otra salida más que decirse a medias.

De estas oposiciones "enunciado / enunciación" o "dicho / decir" que actualizan la estructura dividida del sujeto, resulta una consecuencia lógica, incluso en lo que respecta a la práctica de la cura. Nos referimos especialmente al problema de la *atención flotante* y los diferentes elementos de ambigüedad que plantea.

La oposición subjetiva entre el sujeto del enunciado y el sujeto de la enunciación, que Lacan sitúa en primer plano en su enfoque del inconsciente, aporta un punto de vista esencialmente nuevo con respecto a la *atención flotante*.

En su artículo "Attention (également) flottante", J. Laplanche y J. B. Pontalis[198] indican detalladamente las diferentes dificultades causadas por esa particular actitud subjetiva del psicoanalista en el ejercicio de su práctica. Esta prescripción "técnica" consiste, ante todo, en suspender, tanto como sea posible, las motivaciones habituales que movilizan y focalizan la atención, como por ejemplo: inclinaciones, juicios y otras opiniones personales. Según Freud, esta suspensión favorecería la propia actividad inconsciente del analista en la medida en que no otorgaría, *a priori*, ninguna importancia particular a los diversos elementos del discurso del paciente. Freud desarrolla explícitamente esta tesis ya en 1912, en su estudio: "Consejos a los médicos sobre el tratamiento analítico".[199] Allí precisa que esta actitud subjetiva permite al analista registrar, en el discurso del paciente, la pluralidad de los elementos que más tarde, en algunos casos, revelarán sus conexiones inconscientes en relación con el deseo del sujeto.

Aunque Freud haya establecido que la *atención flotante* es la actitud correlativa a la de la *asociación libre* del paciente, esta regla plantea, de todos modos, algunos problemas de fondo, como lo hacen notar J. Laplanche y J. B. Pontalis.[200] En primer lugar recordemos que la intuición freudiana que subyace en el principio de la *atención flotante* reposa en la idea de intentar establecer una comunicación de inconsciente a inconsciente entre el analista y su paciente. Esto lo explica en esta célebre metáfora telefónica: "En síntesis, el inconsciente del analista debe comportarse, con respecto al inconsciente emergente del enfermo, como el receptor telefónico en relación al emisor. Así como el receptor transforma nuevamente en ondas sonoras las vibraciones telefónicas que emanan de las ondas sonoras, así también el inconsciente del médico, con la ayuda de los derivados del inconsciente del enfermo que llegan a él, llega a reconstituir el inconsciente del que provienen esas asociaciones."[201]

Un proceso de esta índole plantea indefectiblemente un problema esencial: a través de la atención flotante, ¿cómo puede el analista deshacerse de la influencia de sus propias motivaciones inconscientes? Y otro problema que deriva del anterior: ¿a partir de qué elementos específicos intervendrá el analista si, *a priori*, ningún material es privilegiado por su escucha?

Si bien las concepciones metapsicológicas elaboradas por Lacan no solucionan en forma completa estos problemas, al menos proponen un original punto de vista técnico. En efecto, como el inconsciente sale a la luz en el discurso del sujeto por medio del proceso de la enunciación, la *atención flotante* resulta flotante sobre todo a nivel del enunciado y de su sujeto. La agudeza de la escucha, en cambio, deberá aplicarse al registro del decir. Si bien el analista debe conectar su inconsciente con el del paciente, lo que importa, sobre todo, es que sea receptivo a los significantes que llegan a través del decir, más allá de los significados que se organizan en lo dicho. La intervención oportuna estará entonces gobernada por el reconocimiento de esos efectos significantes y el lugar de la intervención se circunscribe al orden del significante. La intervención analítica se separa, así, de una comprensión que habría que promover en el paciente, o de una construcción a elaborar a partir del material que aporta. En esta perspectiva, la intervención del analista, que también evita la esterilidad de la interpretación explicativa, se limitará a puntuar el *decir* del paciente por medio de una escansión que, en el mismo lugar de la enunciación, liberará la abertura significante que se deja oír cuando se espera que se cierre al llegar a la finalización de un enunciado.

Sobre este punto debemos recordar la evidencia que subraya Lacan: "lo dicho no existe sin 'el decir' "; esta evidencia no hace más que retomar la oposición "habla/lenguaje" a la que ya se había referido en el "Discours de Rome":

"Siempre encontramos la doble referencia al habla y al lenguaje. Para liberar al habla del sujeto, lo introducimos en el lenguaje de su deseo, es decir en el *lenguaje primero* en el que, más allá de lo que nos dice de él, nos habla sin saberlo y en los símbolos del síntoma, en primer lugar."[202]

La intervención analítica tiene la categoría de una operación de lenguaje que se produce bajo la forma de un corte significante en el orden de lo dicho para liberar al "lenguaje primero" del deseo inconsciente que se articula en el decir.

18.

La alienación del sujeto en el Yo
El esquema L -
la forclusion del sujeto

La refente que separa al sujeto de la enunciación del sujeto del enunciado evidencia la imposible coincidencia de los dos registros de la subjetividad separados por la *Spaltung*. El sujeto, que sólo está presente en su discurso en la medida en que está *representado*, se compromete a través de su discurso a un acto de *apariencia*. Al no figurar más que como un "representante", el sujeto articula un discurso que sólo puede ser un *discurso de apariencias* con respecto a la verdad de su deseo. De hecho, la división del sujeto constituye una brecha abierta a todos los engaños. El engaño se origina en el hecho mismo de que los enunciados que el sujeto articula sobre sí mismo constituyen y mantienen una verdadera mistificación en la que él se aliena en pleno registro imaginario. Dicho de otro modo, el acceso a lo simbólico que le permite al sujeto emanciparse de la dimensión imaginaria en la que se encuentra inscrito inicialmente, sólo lo salva de esa captura para precipitarlo aun más en ella. El "Yo" ("Je") del enunciado que se fija en el orden del discurso tiende a ocultar cada vez más al sujeto del deseo. Y esto va a constituir una *objetivación imaginaria del sujeto*, quien no tiene otra salida más que identificarse cada vez más con los diferentes "representantes" que lo actualizan en su discurso. Allí comienza un desconocimiento total de lo que él es desde el punto de vista de su deseo. Los múltiples "representantes" en los que el sujeto se pierde tienden a condensarse en una representación imaginaria que será, en adelante, la única que el sujeto podrá darse a sí mismo, la única a través de la cual podrá captarse. Esta objetivación imaginaria del sujeto con respecto a sí mismo es *el Yo (Moi)*. Por lo tanto decir que el *Yo (Moi) se cree el*

Yo (Je) es mostrar con exactitud la captación imaginaria a la que el *ser hablante* está cada vez más atado.

Como el *Yo (Moi)* es una construcción imaginaria a través de la cual el sujeto se objetiva a sí mismo para sí mismo, por medio de sus propios representantes, toda la subjetividad está invadida por una paradoja.

El estadio del espejo constituye la fase inicial de la evolución psíquica en la que el niño se sustrae al registro atrapante de la relación dual con la madre. El esbozo de subjetividad que se produce a través de la conquista de la identidad originaria permite al niño iniciar su promoción subjetiva hacia el acceso a lo simbólico gracias a lo cual pondrá fin a la relación especular imaginaria con la madre. Ahora bien, ese acceso a lo simbólico es precisamente lo que organiza una recaída del sujeto en lo imaginario que culmina con el advenimiento del Yo (*Moi*).

Semejante economía paradójica encuentra su expresión más acabada en esta fórmula de Lacan: "El drama del sujeto en el verbo es que allí experimenta su falta de ser";[203] es decir, una falta de ser que en este caso hay que comprender como del ser del deseo, en función del desconocimiento que el sujeto experimenta con respecto a sí mismo a través del orden significante.

Dejemos de lado esa paradoja de la subjetividad, y volvamos a la problemática imaginaria del *Yo (Moi)* para precisar que, aun si en primer lugar concierne al sujeto, esta construcción en la que él se aliena no es independiente de la existencia del otro. El *Yo sólo puede tomar su valor de representación imaginaria, por el otro y con respecto al otro* puesto que es una "imagen" del sujeto proyectada a través de sus múltiples representantes. El estadio del espejo es un proceso precursor de esta dialéctica. De hecho, la identificación del niño con su imagen en el espejo es posible en la medida en que se apoya en un cierto reconocimiento del Otro (la madre):

> "Lo que se manifiesta en el triunfo de la asunción de la imagen del cuerpo en el espejo, es el objeto que más se desvanece, que sólo aparece al margen: el intercambio de miradas que hace que el niño se vuelva hacia aquel que lo asiste de alguna manera, aunque más no sea a quien lo asiste en su juego."[204]

El niño sólo se reconoce en su propia imagen en la medida en que presiente que el otro ya lo identifica como tal. De esta manera, la mirada del otro le afirma que la imagen que percibe es realmente la suya. En este sentido, el advenimiento de la subjetividad que se esboza al nivel del estadio del espejo deja ver cómo el *Yo*, como construcción imaginaria, aparece indefectiblemente sometido a la dimensión del otro. Y Lacan no deja de insistir en este punto. Por un lado en fórmulas tan radicales como la siguiente:

> "Es imposible captar algo de la dialéctica analítica si no aceptamos que el Yo es una *construcción imaginaria*."[205]

Otra formulación absolutamente explícita:

> "Es absolutamente imposible distinguir el yo del que hablamos de las *captaciones imaginarias* que lo constituyen en su totalidad, tanto en su génesis como en su estatuto, tanto en su función como en su actualidad, *por otro y para otro*."[206]

Citemos también un corto pasaje de "Position de l'inconscient":

> "La única función homogénica de la conciencia reside en la *captura imaginaria* del Yo por medio de su reflejo especular y en la función de desconocimiento a la que queda ligada."[207]

Más allá de las alusiones explícitas que hacen estos tres pasajes a la relación imaginaria que mantiene el sujeto con su Yo, dejan presentir que la relación del Yo con el otro podría considerarse, en cierto modo, como análoga a la relación que existe entre el lenguaje y el habla. Esta analogía ilustra el problema fundamental de la alienación del sujeto en el Yo, como consecuencia del acceso al lenguaje, cuyo principio es analizado por Lacan en el célebre *esquema L de la dialéctica intersubjetiva*.[208]

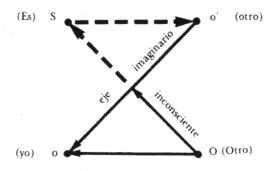

Explicaremos con detalle este esquema que Lacan introduce en su seminario sobre *Le moi dans la théorie de Freud et dans la technique de la psychanalyse,* el 25 de mayo de 1955.

S: es el sujeto en "su inefable y estúpida existencia", como precisa Lacan.[209] En otras palabras, se trata del sujeto atrapado en las redes del lenguaje y que no sabe lo que dice. Pero a pesar de estar en la posición S, él no se ve en ese lugar.

> "El se ve en *o* y es por eso que tiene un Yo. El puede creer que ese yo es él, todo el mundo está en lo mismo y no hay manera de salir."[210]

Aquí hay una referencia explícita al estadio del espejo y a la conquista de la identidad a través de una imagen, vivida primero como imagen de otro y luego asumida como imagen propia. Porque el sujeto accede a su identidad a partir de la imagen del otro; el sujeto entra en un movimiento subjetivo correlativo con respecto al otro. Así, *bajo la forma del otro especular (la propia imagen del sujeto en el espejo) el sujeto percibirá también al otro, es decir, a su semejante,* situado en *o'* en el esquema: "Esta forma del otro es la que más se relaciona con su Yo, se puede superponer y la representamos como o'."[211]

La relación que el sujeto mantiene consigo mismo está siempre *mediatizada por una línea de ficción:* el eje *o o'.* La relación entre S y *o* (yo) depende de *o',* e inversamente, la relación que el sujeto mantiene con el otro (*o'*), su semejante, depende de *o.* Se puede hablar entonces de *una dialéctica de la identificación de uno con el otro y del otro con uno.* Así es como debe comprenderse la referencia de Lacan a Hegel, con respecto al yo:

> "En otras palabras, la dialéctica en la que se apoya nuestra experiencia, al situarse en el nivel más envolvente de la eficacia del sujeto, nos obliga a comprender al yo en su totalidad, dentro del movimiento de alienación progresiva en el que se constituye la conciencia de sí en la fenomenología de Hegel."[212]

El cuarto término del esquema L es el símbolo O = el Otro. Junto al plano simétrico del Yo y del otro existe, en efecto, un plano secante O ——→ S, al que Lacan llama: *el muro del lenguaje.* Para comprender la función de este último término hay que dilucidar previamente lo que sucede cuando un sujeto se dirige a otro:

"Cuando un sujeto habla con sus semejantes, habla con el lenguaje común para el que los Yo imaginarios no sólo son *ex-sistentes* sino también reales. Al no saber lo que es en el campo en donde tiene lugar el diálogo concreto, se relaciona con un cierto número de personajes, *o, o'*. Por más que el sujeto los relacione con su propia imagen, aquellos a quienes él habla son también aquellos con los que se identifica."[213]

Cuando un sujeto se comunica con otro sujeto, la comunicación ("el lenguaje común") siempre está mediatizada por el eje imaginario *o o'*. En otros términos, cuando un sujeto verdadero se dirige a *otro* sujeto verdadero, sucede que en función de la división operada por el lenguaje, se trata de un Yo que se comunica con un Yo distinto, pero semejante a él. De esto resulta que hablarle a otro se convierte inevitablemente en un diálogo de sordos. La mediación del lenguaje, que eclipsa al sujeto, hace que cuando S se dirige a un Otro verdadero, nunca llega a él directamente. Ese Otro verdadero está situado, en efecto, del otro lado del *muro del lenguaje,* así como el sujeto S se encuentra, por su parte, fuera del circuito de su verdad de sujeto por este orden del lenguaje.

"En realidad nos dirigimos a O1, O2, que son lo que no conocemos, Otros verdaderos, verdaderos sujetos.

Están del otro lado del muro del lenguaje, allí donde, en principio, es imposible alcanzarlos. Cada vez que pronuncio una palabra verdadera me dirijo esencialmente a ellos, pero siempre llego a *o o'* por reflexión. Apunto siempre hacia los sujetos verdaderos y debo conformarme con sombras. El sujeto está separado de los Otros, de los verdaderos, por el muro del lenguaje."[214]

Por más que la dialéctica de la intersubjetividad suponga un Otro verdadero cuya existencia debe aceptarse para fundamentar la ubicación del sujeto que habla, se resuelve, en definitiva, en un intercambio imaginario de yo a yo:

"Si la palabra se basa en la existencia del Otro, el verdadero, el lenguaje está hecho para remitirnos al otro objetivado, al otro del cual podemos hacer todo lo que queremos, incluso pensar que es un objeto, es decir que no sabe lo que dice. Cuando hacemos uso del lenguaje, nuestra relación con el otro juega todo el tiempo en esa ambigüedad. Dicho de otro modo, el lenguaje está hecho tanto para fundarnos en el Otro como para impedir que lo comprendamos."[215]

Toda la cuestión de la alienación del sujeto ("Yo") ("Je") en y por el lenguaje sucede en favor de lo imaginario del Yo (Moi). En este sentido Lacan subraya que "el sujeto no sabe lo que dice, y con toda razón, puesto que no sabe lo que él es."[216]

De esta consecuencia estructural deriva toda una concepción precisa de la experiencia de la cura analítica que constituye, indudablemente, el fundamento más definido del *retorno a Freud* en el punto esencial de su descubrimiento. "El análisis, dice Lacan, debe apuntar al pasaje de un habla verdadera que una al sujeto con otro sujeto del otro lado del muro del lenguaje. Lo que define el punto terminal del análisis es la relación última del sujeto con un Otro verdadero, con el Otro que da la respuesta que no se espera."[217] La experiencia analítica está suspendida en el pasaje de un *habla vacía* —la que está mediatizada por el eje *o o'*— a un *habla plena*, un *habla verdadera*. Esa es precisamente, para Lacan, la significación esencial del análisis y la asunción de su objetivo básico. Y esto lo expresa magistralmente en este fragmento:

> "Durante todo el análisis, a condición de que el yo del analista no esté allí, a condición de que el analista no sea un espejo viviente, sino un espejo vacío, lo que sucede, sucede entre el yo del sujeto y los otros. El progreso del análisis consiste en el desplazamiento progresivo de esa relación que el sujeto puede captar en todo momento, más allá del muro del lenguaje, como la transferencia que le pertenece y en la que no se reconoce (...) El análisis consiste en hacerle tomar conciencia de sus relaciones, no con el yo del analista, sino con todos esos *Otros* que son sus verdaderos garantes y a los que no ha reconocido. Se trata de que el sujeto descubra progresivamente a qué Otro se dirige en realidad, aunque no lo sepa, y de que asuma progresivamente las relaciones de transferencia en el lugar en que está, y en el que ignoraba que se encontraba."[218]

La famosa fórmula de Freud *Wo es war, soll Ich werden* apunta a la acepción que le da Lacan. En vez de la desacertada traducción: "El Yo debe desplazar al Ello", Lacan propone, siguiendo el hilo de su concepción del enfoque analítico: "Allí donde estaba el S, allí debe estar el *Ich*."[219] Dicho de otro modo, no es el Yo quien debe superar al Ello. El analista que enfocara ese punto de vista transigiría, según Lacan, con las técnicas del "Yo fuerte" a las que adhieren la *Ego psychology* y otras ortopedias psicológicas normativas y educativas. Para Lacan, por el contrario, el Yo debe dejar paso, progresivamente, al *Es*. Pero aclara que a ese *Es* "hay que entenderlo como la letra S. Está allí siempre está allí. Es el sujeto."[220] En este sentido lo imaginario del Yo debe dejar lugar, en el análisis, al sujeto en la autenticidad de su deseo cuya verdad se encuentra demasiado comprometida a causa de la habitual alienación del sujeto en el lugar de su división.

A la luz del *esquema L*, es posible volver sobre el tema de esa alienación para tratar de apreciar los aspectos más estereotipados que aparecen en el desarrollo del saber didáctico en donde el sujeto del inconsciente está forcluido.

La alienación del sujeto se localiza, en el esquema L, del lado del eje o ⟶ o' que es en donde se ejerce. Separado de sí mismo por el orden del lenguaje, el sujeto está representado por un representante que funciona en lugar de *o*, en lugar del Yo (Moi). Según este principio el Yo (Moi) puede tomarse por el "Je" (por el sujeto). En otros términos, el sujeto del enunciado aparece como el sujeto imaginariamente convocado en lugar del Yo en el que se aliena sin saberlo. En estas condiciones, si la "sutura" expresa "la relación del sujeto con la cadena de su discurso"[221] se puede precisar su alcance con más exactitud, según el grado de alienación del sujeto a través del Yo.

Con respecto a estas tesis de Lacan, es posible mostrar que de acuerdo con los tipos de articulación del discurso, el verdadero sujeto aparece *amordazado* en mayor o menor grado en ese sujeto del enunciado que lo representa. En este aspecto, algunas estrategias del discurso son absolutamente radicales en la evicción del sujeto del inconsciente.

Esto es absolutamente evidente en todas las estrategias de los discursos racionales, y aun más en los discursos científicos, matemáticos, lógicos, en los que el sujeto del enunciado cree ser el sujeto como tal. Llamaremos *forclusión del sujeto* a este tipo de alienación del sujeto auténtico en favor de un representante privilegiado, denominado en este caso *sujeto del conocimiento*.

En cierto modo, la actividad del sujeto del conocimiento legisla, por medio de la industria racional, sobre la verdad de las cosas e incluso sobre la verdad del propio sujeto. Al asumir la producción de esos enunciados verdaderos (o falsos) este sujeto del conocimiento es elevado a la dignidad de *sujeto epistemológico*.

Ahora bien, este sujeto epistemológico que decreta por sí mismo y para sí mismo lo que es propio del saber verdadero, sólo se ilusiona en cuanto a su verdad en la medida en que dispone de herramientas del discurso adecuadas a tal efecto. Y estas herramientas garantizan el despliegue de un conocimiento positivo en tanto neutralizan al sujeto del inconsciente. Es por esto que el sujeto *epistemológico* reina inevitablemente en el lugar del Yo y como tal resulta la más perfecta de las realizaciones imaginarias del Yo. Estas culminan en paradigmas de discurso completamente sometidos a un cierto ideal que concierne tanto al sujeto como al objetivo que ese sujeto persigue. Por el lado del sujeto, ese ideal se encarna en la categoría de *sujeto trascendental*.[222] Por el lado del objetivo encontramos la perspectiva del *saber absoluto*. Estas dos opciones ideales encuentran su articulación privilegiada en el racionalismo de la ciencia. Se puede decir que en el discurso científico el grado de sutura es óptimo porque es allí donde el sujeto del inconsciente está más amordazado. Avanzando aun más, es posible examinar también el tipo y la textura epistemológica de esa "mordaza" en el campo de las diferentes disciplinas científicas para poner en evidencia, como ya lo he demostrado,[223] la naturaleza de los parámetros que intervienen en la *forclusión del sujeto*.

19.

Dialéctica de la conciencia
y dialéctica del deseo

Más allá de la identificación primordial durante el estadio
del espejo que se corresponde con la *dialéctica de la conciencia*
hegeliana tal como se la expone en el *esquema L*, para Lacan,
toda la dinámica del deseo se ordena en ese mismo movimiento
dialéctico. Sucede, en efecto, que siempre el deseo se estructura
fundamentalmente como "deseo del deseo del Otro". Aunque
más no sea por esas dos razones, la dialéctica de la conciencia y
del deseo abordada por Hegel en la *Fenomenología del espíritu*[224] merece ser retomada en su más amplia dimensión.

El *esquema L* demuestra que el sujeto sólo se ve a sí mismo
en *o*, es decir, en tanto que Yo. Ahora bien, el Yo sólo llega al sujeto gracias a la *identificación con su imagen especular:* ya sea
con respecto a su propia imagen en el espejo, ya sea en relación
con la imagen del otro semejante. La relación que el sujeto mantiene consigo mismo depende entonces de *o* y de *o'*, de tal manera que se puede hablar de una auténtica *dialéctica de la identificación de uno con el otro y del otro con uno*, que remite al orden
de la dialéctica hegeliana.

En la obra de Hegel, el proyecto de la dialéctica de la conciencia se organiza con el fin de tratar de comprender el movimiento de la constitución de la relación del sujeto consigo mismo
en su despliegue.

Hegel sitúa el origen de este movimiento a nivel de la *presencia inmediata de sí*, a la que denomina *identidad originaria*. Este es el punto de partida de un movimiento en el que la
conciencia aún no ha entrado en contacto consigo misma: es el
en sí de la conciencia.

PRIMER MOMENTO

El primer momento de la dialéctica es un movimiento de *separación de uno con relación a sí mismo.* Este movimiento de *exteriorización* es indispensable para que la conciencia pueda relacionarse consigo misma, es decir, constituirse como conciencia de sí.

Figura I   en sí   para sí

1

Al principio, la conciencia se coloca a distancia de sí misma, como objeto; sólo en esta *autoobjetivación* puede tener conciencia de algo exterior a ella. Y eso, precisamente, es el *para sí.* Este primer momento debe entenderse como *la autoobjetivación del para sí.*

Para Hegel, la alienación del espíritu fuera de sí mismo comienza en ese primer momento. En efecto, luego del movimiento de exteriorización, la conciencia toma su propia objetivación como una *objetivación dada,* ya que el *para sí* es un *objeto exterior* a la conciencia *en sí.* La conciencia está en cierto modo alienada al no tener aún conciencia de que esta objetividad es ella misma.

SEGUNDO MOMENTO

El primer momento ha sido planteado únicamente para que la conciencia se pueda relacionar consigo misma; por lo tanto el segundo movimiento será un *movimiento de retorno,* un *movimiento reflexivo.*

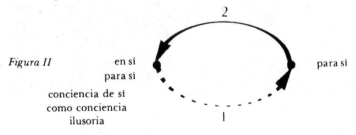

2

Figura II   en sí   para sí
                    para sí

        conciencia de sí
        como conciencia
             ilusoria   1

Luego de este retorno, la conciencia se ha convertido en *conciencia de sí* puesto que ya se capta a sí misma como *para sí* en sí misma; es decir, como para sí en tanto que está en sí. En este punto se trata de un *para sí en sí* de la conciencia, ya que tiene conciencia de un objeto fuera de sí misma (para sí) que es ella misma. Podría pensarse que al término de este segundo movimiento la conciencia ya se ha constituido como conciencia de sí. Pero no es así. Para Hegel, la conciencia de sí como *para sí en sí* es un buen ejemplo de *conciencia ilusoria* en la medida en que esta conciencia todavía es *radicalmente subjetiva*. Esto muestra una vez más su alienación ya que al término del segundo movimiento, la conciencia está persuadida de que *no hay una objetividad independiente de ella*.

La conciencia para sí en sí es una subjetividad que excluye toda relación positiva con la objetividad, es decir con el objeto, independientemente de una conciencia que lo piense. Para salir de esta conciencia ilusoria es necesario un tercer momento.

TERCER MOMENTO

Al final del segundo momento, la conciencia de sí *no sabe conscientemente qué es ella*. Es una conciencia para sí, pero sólo es para sí en sí. Para salir de la conciencia ilusoria, la conciencia debe replantear ese doble movimiento como conciencia de sí. Sólo bajo esta condición la relación consigo misma será auténticamente conciencia de sí.

La subjetividad instaurada (para sí en sí) debe presentarse *objetivamente* frente a sí misma y relacionarse nuevamente consigo misma. Así es como ella se transforma objetivamente para sí misma en aquello que sólo era subjetivamente.

Figura III

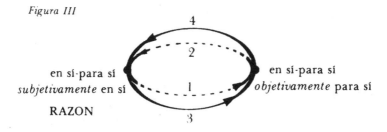

en sí-para sí
subjetivamente en sí

en sí-para sí
objetivamente para sí

RAZON

El tercer momento se despliega en un doble movimiento:

Movimiento 3

1) Presentar la objetividad como objetividad (para sí) de la subjetividad (conciencia de sí)

Movimiento 4

2) Presentar la subjetividad (conciencia de sí) como subjetividad de la objetividad (para sí).

Al cabo del movimiento 3, la objetividad (para sí) ha sido planteada como objetividad consciente de sí misma de la subjetividad. Luego del movimiento 4, la conciencia de sí (para sí en sí) ha sido planteada como subjetividad de su propia objetividad. La realización completa de la conciencia de sí se debe a que *la conciencia se constituyó objetivamente en sí para sí, es decir en sí en tanto que para sí y para sí en tanto que en sí*. En este nivel de unidad, la conciencia realiza la *razón* de tal manera que podríamos decir, según la fórmula de Hegel que: "El pensamiento es la actividad que consiste en ubicarse frente a sí mismo para ser para sí y ser sí mismo en ese otro sí."

Sobre el principio de este movimiento dialéctico se constituye el reconocimiento de uno por el otro y del otro por uno tal como la muestra el *esquema L.*

Para Hegel, el reconocimiento recíproco se instaura directamente en la dimensión del deseo según un modo dialéctico y está *ligado al advenimiento de la conciencia de sí.* Para captar el mecanismo es necesario explicitar previamente el estatuto del *objeto* en la conciencia. En efecto, para la conciencia el objeto se apoya en una contradicción ya que es, a la vez, *dependiente e independiente de esa conciencia.*

Desde cierto punto de vista, la conciencia que se plantea fuera de sí misma como objeto (para sí) hace que ese objeto sea *independiente de ella.* En efecto, en la autoobjetivación del para sí, el para sí aparece como independiente del en sí al cabo del primer momento. Pero en otro aspecto este objeto es *dependiente de ella* en la medida en que la conciencia sólo es conciencia de sí gracias al reflejo de ese objeto en ella misma. En otras palabras, la conciencia sólo plantea la independencia del objeto (para sí) para mejor plantear su dependencia (para sí - en sí). Es por esto que a nivel de la conciencia de sí hay una *contradicción* con respecto al objeto.

La *esencia del deseo* sólo surge gracias a esta contradicción. La conciencia *no deja de desear la independencia del objeto para desear mejor plantearse a sí misma como conciencia de sí*. Para Hegel, la esencia del deseo es, entonces, contradictoria por naturaleza: se apoya en la relación con otro (para sí) que además tiene que estar en relación con uno mismo (para sí en sí). Alrededor de este punto se puede comprender la relación con el otro que también es relación con uno y la relación con uno que es también relación con el otro. De hecho, la conciencia se instituye sobre un deseo contradictorio. El objeto debe ser, a la vez, diferente en sí mismo de la conciencia en tanto que para sí, pero también tal como debe ser, es decir como ella misma en tanto que para sí-en sí. A través de esta exigencia contradictoria la conciencia encuentra una verdad sobre el objeto de la que no tenía conciencia en un comienzo. Esta verdad es que *el objeto (para sí) que la conciencia plantea como independiente de ella, también es necesariamente una conciencia de sí, es decir, un otro sí que es conciencia de sí*. Es necesario, por otra parte, que así sea para que la conciencia puede reconocerse como conciencia de sí en ese objeto. Sin embargo, sólo puede descubrir esa verdad cuando ha relacionado ese objeto consigo misma; es decir, cuando ese objeto deviene sujeto y ella descubre que ese otro situado frente a ella es ella misma.

De esta contradicción con respecto al objeto y a la verdad que la conciencia descubre en él resultan algunas consecuencias. En primer lugar, hay que admitir *la existencia necesaria de una multiplicidad de conciencias de sí*; en segundo lugar, la dimensión del deseo (de la conciencia) aparece inevitablemente como *deseo del deseo del otro*; finalmente, una conciencia sólo puede *reconocerse en el otro si el otro se reconoce en ella*.

Si cada conciencia, para constituirse como conciencia de sí, debe poner un objeto fuera de sí misma, y si ese objeto resulta ser necesariamente otra conciencia de sí, se deduce que *cada conciencia, al colocar un objeto fuera de sí misma desea encontrar una conciencia de sí en ese objeto*. Llevándolo a un extremo, cada conciencia desea encontrar un objeto que, a su vez, también desea. *Cada conciencia desea ser deseada a través del objeto que ella desea.* En este sentido, el deseo siempre se constituye como *deseo del deseo del otro.*

La dialéctica del *reconocimiento recíproco* se fundamenta en la dialéctica del deseo. Si el deseo es deseo del deseo del otro, esto quiere decir que toda conciencia desea reconocerse en el otro en la medida en que el otro desea reconocerse en ella. En esto reside la dialéctica de la subjetividad: yo deseo reconocerme en el otro; pero como ese otro soy yo, es necesario que ese Otro Yo se reconozca en mí. En otros términos, sólo puedo reconocerme en ese Otro Yo si reconozco que el otro ya se reconoce a sí mismo en mí, es decir, si reconozco que soy el yo del otro.

Hegel denomina a esta problemática del reconocimiento recíproco *conciencia de sí duplicada* y constituye el fundamento de los elementos que Lacan pone en juego en el estadio del espejo y en el *esquema L.*

La ilustración más cabal del reconocimiento recíproco en la obra de Hegel se encuentra en la *Dialéctica del amo y del esclavo.*

Al comienzo, el hombre no tiene de hombre más que el estatuto de animal vivo, como tal es sólo un ser de necesidades. Para conquistar su identidad tendrá que devenir un *ser de deseo*, es decir una conciencia deseante o conciencia de sí. Para acceder a la conciencia de sí, el animal vivo se ve en la obligación de suprimir al otro como animal vivo, ya que el advenimiento de la conciencia de sí le impone poder reconocerse en el otro. Pero, inversamente, para lograrlo, el otro tiene que poder reconocerse en ella. La esencia del deseo se va a encontrar expresada aquí en el hecho de que es *necesario que uno encuentre en el otro una conciencia que desea.* Se entabla entonces una inevitable *lucha a muerte* en la que cada uno desea suprimir al otro en tanto que animal vivo para poder encontrar en el otro una conciencia que desea.

La lucha a muerte no tiene otra salida que transformarse en una *lucha de prestigio* dado que uno de los dos protagonistas debe capitular. Dicho de otro modo, la lucha a muerte culmina con el surgimiento de una *relación de servidumbre.* Uno de los combatientes deja la lucha y le muestra al otro que teme la muerte como animal vivo y que al mismo tiempo renuncia a ser reconocido como conciencia de sí. Así es como el *Amo* es reconocido por el *esclavo* y *se sabe* reconocido por él. A partir de ese momento, el proceso se invierte y entra en la *dialéctica de la conciencia servil*.

El reconocimiento del Amo por el esclavo es unilateral y por esa razón queda sin efecto. El Amo es reconocido por el esclavo como conciencia de sí, pero no se encuentra de ningún modo como conciencia de sí en el esclavo. Por lo tanto es reconocido como conciencia de sí por una conciencia que no es conciencia de sí. Por razones análogas, pero inversas, el esclavo tampoco se reconoce en el Amo. Sin embargo, en tanto que conciencia, el esclavo también aspira al reconocimiento y, a pesar de que el temor lo hizo renunciar, su deseo de ser una auténtica conciencia, de sí, persiste aún. El esclavo es, entonces, una conciencia *para sí-en sí*, es decir una conciencia cuyo desarrollo se detuvo en el estadio de la *conciencia ilusoria*. *Esta conciencia para sí-en sí no puso ese para sí en sí objetivamente para sí, y ese para sí en sí subjetivamente en sí.*

Para el esclavo, el reconocimiento se va a efectuar por medio del trabajo servil. El deseo del Amo se encuentra satisfecho gracias a una conciencia que no es reconocida como conciencia deseante sino como conciencia sometida. Por esta razón *el deseo del Amo está alienado a la conciencia del esclavo*. Solamente el esclavo puede darle forma humana al objeto deseado por el Amo. Siendo así, el esclavo *da un sentido subjetivo a la objetividad y, en consecuencia, le da al mismo tiempo un sentido objetivo a su propia subjetividad*. En estas condiciones, el para sí se convierte en en sí y el en sí se transforma en para sí. Esta es precisamente la manera de acceder auténticamente a la conciencia de sí.

En conclusión, resulta claro que cada uno existe como conciencia de sí en tanto que el otro exista como conciencia opuesta a él. El individuo sólo se reconoce como conciencia de sí por intermedio del otro. Ahora bien, para existir como conciencia de sí hay que negar al otro en tanto que conciencia deseante. La toma de conciencia del sujeto deseante sólo tiene sentido como oposición a otra conciencia deseante de la que exige ser reconocido. Desde el principio, entonces, el deseo se instituye como deseo de ser deseado, como deseo de deseo, *deseo del deseo del Otro*, como la formulará Lacan, apoyándose en esa concepción hegeliana del deseo. La experiencia analítica demuestra que esa concepción sitúa con precisión la dimensión profunda del deseo humano.

III
EL DESEO
EL LENGUAJE
EL INCONSCIENTE

Lacan plantea la metáfora del Nombre del Padre como una "encrucijada estructural" porque implica una pluralidad de consecuencias metapsicológicas vinculadas con lo irreductible de la división del sujeto. Al acceder al lenguaje, el *ser hablante*, que se constituye como sujeto dividido, aliena una parte de su ser en el lugar del inconsciente inaugurado precisamente por esa división. El deseo del sujeto no tiene más salida que la de hacerse palabra dirigida al otro. El sujeto del deseo identificado con el sujeto del inconsciente se disimula bajo la máscara de aquel (sujeto del enunciado) a quien parece concernir esta palabra (dicho) para hacerse oír por el otro, a quien se dirige esta palabra, sólo en su enunciación (decir).

La aparición del sujeto culmina, entonces, para sí mismo, con una relación irreversible entre el deseo, el lenguaje y el inconsciente, cuya estructura, de allí en más, se organiza en torno al orden significante. Los argumentos teóricos de Lacan conducen lógicamente a profundizar las articulaciones de esta interrelación, empezando por la distinción preliminar entre la *necesidad*, el *deseo* y la *demanda* que induce una estructura particular en lo que se refiere al deseo inconsciente del sujeto. Este deseo tiende, en efecto, a organizarse en una relación con el *otro* dentro de la "retracción de la demanda sobre la necesidad" (Lacan). Pero justamente el hecho de que el sujeto se encuentre por primera vez con su deseo en esta relación con el otro que se basa en la intencionalidad de la necesidad, hará que en el transcurso de esta experiencia sienta a su deseo como *deseo del deseo del Otro*.

La consecuencia que resulta de esto y que se expresa con todo su alcance en esta tesis: *el inconsciente es el discurso del Otro* (Lacan) define la función de ese deseo por su inserción en el inconsciente del sujeto. Y Lacan lo demuestra por medio de todas las articulaciones teóricas en las que se apoyan las etapas sucesivas que intervienen en la elaboración de su *grafo del deseo*. Con ese *grafo del deseo* se confirma el sentido del *retorno a Freud* abordado por Lacan desde sus primeras reflexiones teóricas y clínicas. La conjunción de los grandes principios que fundamentan la originalidad y el alcance del descubrimiento freudiano se ordenan alrededor del grafo del deseo; se trata de la interrelación de las tres dimensiones que estructuran la subjetividad: el deseo, el lenguaje y el inconsciente. Con este fin, el *grafo del deseo* se propone traducir la inscripción de la dinámica respectiva de esas tres dimensiones y su interacción recíproca. Como tal, esta elaboración resulta *una* de las conclusiones fundamentales para la hipótesis inaugural del *inconsciente estructurado como un lenguaje*.

20.

La necesidad - El deseo - La demanda

La problemática del deseo relacionada con la necesidad y la demanda, tal como la formula Lacan, sólo cobra su verdadero sentido si nos referimos a la concepción freudiana de las primeras experiencias de satisfacción en donde Freud identifica la esencia del deseo y la naturaleza de su proceso. Es una buena razón para volver sobre este tema.[225]

Gracias a Freud podemos tratar de imaginarnos los procesos psíquicos que tienen lugar durante las primeras experiencias de satisfacción. Recordemos que una pulsión sólo puede ser conocida por el sujeto en la medida en que encuentra una solución de expresión en el aparato psíquico, y esto se realiza bajo la forma de un *representante*. En estas condiciones ¿qué sucede al nivel de las primeras satisfacciones pulsionales?

Para simplificar nos limitaremos al análisis de la satisfacción alimentaria. El proceso pulsional se manifiesta inicialmente en el niño por la aparición de un *displacer* provocado por el *estado de tensión* inherente a la fuente de excitación de la pulsión. El niño se encuentra en una situación de *necesidad* que exige ser satisfecha. Desde todo punto de vista, en este nivel de la experiencia primera de satisfacción, el proceso se despliega en un registro esencialmente orgánico. En consecuencia, nos vemos llevados a aceptar que el objeto que se le propone para la satisfacción le es propuesto *sin que él lo busque* y sin que tenga una representación psíquica de él. En consecuencia, el proceso pulsional que tiene lugar en esta primera experiencia de satisfacción corresponde a una *necesidad pura* ya que la pulsión se ve satisfecha sin mediación psíquica. Por otra parte, este *proceso de satisfacción* origina un *placer inmediato* que está ligado a la reducción del estado de tensión que produjo la pulsión.

Esta experiencia primera de satisfacción deja una *huella mnésica* en el aparato psíquico dado que la satisfacción, como tal, se va a encontrar, en adelante, directamente ligada a la imagen/percepción del objeto que le brindó esa satisfacción. Esta huella mnésica es lo que constituye, para el niño, la *representación* del proceso pulsional.

Cuando reaparece el estado de tensión pulsional la huella mnésica es reactivada. Más exactamente, la imagen/percepción del objeto y la huella mnésica dejada por el proceso de satisfacción son nuevamente *catectizadas*. Después de la primera experiencia de satisfacción, la manifestación pulsional ya no puede aparecer como una necesidad pura sino que se transforma, necesariamente, en una *necesidad ligada* a una representación mnésica de satisfacción. De manera que en el transcurso de la próxima experiencia de satisfacción esta representación reactivada por la excitación será identificada por el niño. Pero, al principio, el niño va a confundir la *evocación mnésica de la satisfacción pasada con la percepción del hecho presente.* En otras palabras, el niño confunde la imagen mnésica ligada a la primera experiencia de satisfacción con la identificación de la excitación pulsional presente. La confusión se produce, entonces, entre el *objeto representado* de la satisfacción pasada y el *objeto real,* susceptible de brindar una satisfacción presente, puesto que, según Freud, una carga muy grande de la imagen mnésica provoca el "mismo índice de realidad que una percepción real".

En un primer momento, entonces, el niño tiende a satisfacerse por medio de la *satisfacción alucinatoria.* Sólo una cierta repetición de sucesivas experiencias de satisfacción permitirá al niño distinguir la imagen mnésica de la satisfacción de la satisfacción real. Correlativamente, el niño va a utilizar esa imagen mnésica para *orientar su búsqueda* hacia el objeto real de satisfacción, en la medida en que ese objeto real de satisfacción concuerda, supuestamente, con el de la imagen mnésica. Al mismo tiempo, la imagen mnésica se constituye como modelo de lo que se va a buscar en la realidad para satisfacer la pulsión.

La imagen mnésica funciona entonces en el aparato psíquico como una representación anticipada de la satisfacción vinculada con el dinamismo del proceso pulsional. Con este sentido preciso se puede hablar de *deseo* en psicoanálisis. En efecto, para

160

Freud,[226] *el deseo nace de una nueva carga psíquica de una huella mnésica de satisfacción ligada a la identificación de una excitación pulsional*: "La excitación provocada por la necesidad interna busca una salida en la motilidad que podemos llamar 'modificación interna' o 'expresión de un cambio de humor'. El niño que tiene hambre gritará desesperadamente o se mostrará inquieto. Pero la situación no cambia ya que, como la excitación proviene de una necesidad interior, responde a una acción continua y no a una contrariedad momentánea. Sólo puede haber un cambio cuando de una manera u otra (en el caso del niño, por intermedio de un tercero), se adquiere la *experiencia de la satisfacción* que pone fin a la excitación interna. Un elemento esencial en esta experiencia es la aparición de cierta percepción (el alimento en nuestro ejemplo) cuya imagen numérica quedará asociada a la huella que queda en la memoria de la excitación de la necesidad. En cuanto aparezca la necesidad, y gracias a la relación establecida, se desencadenará un impulso *(Regung)* psíquico que cargará nuevamente la imagen mnésica de esa percepción en la memoria y volverá a provocar la misma percepción; en otras palabras, reconstituirá la situación de la primera satisfacción. *Este movimiento es lo que denominamos deseo;* la reaparición de la percepción es la realización del deseo y la catexia total de la percepción desde la excitación de la necesidad es el camino más corto hacia la realización del deseo."

Aunque el deseo se encuentre irreductiblemente ligado al proceso pulsional en el cual se basa, está ligado de un modo muy particular. La imagen mnésica se carga nuevamente por medio de una *moción pulsional*, es decir una "pulsión en acto"[227] que aparece como una información delegada en el psiquismo a partir de la excitación pulsional. La imagen mnésica puede ser catectizada nuevamente por la moción pulsional gracias a la primera asociación que se produjo en el psiquismo. Este fenómeno es un proceso dinámico ya que puede anticipar la satisfacción a través de la alucinación. Por lo tanto, *la esencia del deseo debe buscarse, precisamente, en ese dinamismo* que encuentra su modelo en la primera experiencia de satisfacción. Más allá de esta experiencia, también permite orientar dinámicamente al sujeto en su búsqueda de un objeto capaz de brindar esa satisfacción.

Se impone entonces una conclusión: *no existe una verdadera satisfacción del deseo en la realidad.* A pesar de las expresiones que aparecen en el discurso, y que evocan la "satisfacción" o la "insatisfacción" del deseo, la única realidad en la dimensión del deseo es la realidad psíquica. Es la pulsión la que encuentra (o no) un objeto de satisfacción en la realidad, y puede hacerlo precisamente en función del deseo sobre el que Freud insiste diciendo que moviliza al sujeto hacia el objeto pulsional. Pero, como tal, *el deseo no tiene objeto en la realidad.*

Los desarrollos lacanianos tienden a precisar la razón de esta ausencia de encarnación real del objeto del deseo. Según Lacan, la dimensión del deseo aparece como intrínsecamente ligada a una *falta* que no puede ser satisfecha por ningún objeto real. El objeto pulsional sólo puede ser entonces un *objeto metonímico* del objeto del deseo. Por otra parte, la reflexión de Lacan sobre el concepto freudiano de pulsión permitirá dilucidar esta noción de deseo así como también fundar su dinamismo en el marco de una relación con el *Otro.*

En su seminario *Les quatre concepts fondamentaux de la psychanalyse,*[228] Lacan examina la noción de pulsión a partir de los cuatro parámetros anticipados por Freud para definir su principio: la fuente, el empuje, el fin y el objeto. En dos seminarios sucesivos,[229] Lacan se refiere de manera muy clara a la naturaleza de la conexión que vincula al deseo y a su objeto con el proceso pulsional.

Después de insistir sobre el hecho de que Freud designa a la pulsión no sólo como "concepto fundamental", sino también como "convención", Lacan señala que *la pulsión debe ser diferenciada de la necesidad.* Mientras que la necesidad es una función biológica ordenada, la noción freudiana de pulsión aparece sometida a la constancia del empuje.

Por otra parte, según Freud, la satisfacción de la pulsión es llegar a su fin, pero Lacan objeta esta tesis al enfrentarle todo el problema de la sublimación. De hecho Freud presenta a la sublimación como uno de los destinos posibles de la pulsión[230] en donde ésta encontraría una solución de satisfacción que la alejaría de la represión. Pero, paradójicamente, en la sublimación, la pulsión está inhibida en cuanto al fin, lo que pone en tela de juicio la idea de su satisfacción. Este problema lleva a Lacan a emitir una observación general sobre el sentido de la satisfacción pulsional: *la pulsión no encontraría necesariamente la satisfacción en su objeto:*

"Está claro que aquellos con los que tratamos, los pacientes, no están satisfechos, como se suele decir, con lo que son. Y sin embargo sabemos que todo lo que son, todo lo que viven, incluso sus síntomas, están relacionados con la satisfacción. Satisfacen algo que se opone, sin duda, a aquello que podría satisfacerlos, o mejor aun, cumplen *con* algo. No se contentan con su estado, pero estando en ese estado tan poco satisfactorio, *se* contentan. La cuestión es saber qué es ese *se* que está allí satisfecho."[231]

Lacan establecerá con más exactitud la relación que existe entre el proceso pulsional y el registro de la satisfacción al examinar el estatuto del objeto. Existe una diferencia radical entre el objeto de la necesidad y el objeto de la pulsión. Según Lacan, "si uno distingue, al comienzo de la dialéctica de la pulsión, el *Not* del *Bedürfnis*, la necesidad de la exigencia pulsional, es precisamente porque ningún objeto de ningún *Not*, necesidad, puede satisfacer la pulsión".[232] En otras palabras, la pulsión que experimenta su objeto descubre que no es ese objeto lo que la satisface. Lacan señala como ejemplo que lo que satisface la pulsión en la necesidad alimentaria no es el objeto alimentario sino el "placer de la boca". La confirmación de este punto de vista la encuentra en el mismo texto freudiano:

"En lo que se refiere al objeto de la pulsión, hay que decir que no tiene ninguna importancia. Es absolutamente indiferente."[233]

Si esto es así, el objeto de una pulsión que sería susceptible de cumplir con esta condición no puede ser el objeto de la necesidad. El único objeto capaz de responder a esta propiedad no es otro que el *objeto del deseo*, ese objeto que Lacan denominará *objeto a, objeto del deseo y objeto causa del deseo a la vez, objeto perdido*. Por lo tanto, el objeto *a*, en tanto que eternamente faltante, inscribe la presencia de un hueco que cualquier objeto podrá ocupar. Así, según Lacan, un objeto de esta índole puede encontrar su lugar en el principio de satisfacción de una pulsión siempre y cuando aceptemos que la pulsión puede dar la vuelta a la manera de un circuito. El fin de la pulsión no es otra cosa que el circuito de retorno de la pulsión hacia su fuente, lo que permite comprender cómo puede satisfacerse una pulsión sin llegar a su fin.[234]

Con la introducción del objeto del deseo y de su incidencia en el proceso pulsional, que se diferencia así del registro de la necesidad, nos vemos llevados a la dimensión profunda del deseo, cuya génesis presupone, más allá de la necesidad, la presencia del Otro. La reflexión de Lacan contribuyó ampliamente, después de Freud, a profundizar la noción de deseo; una de las conclusiones más destacables es que sólo puede nacer en una relación con el Otro. El espacio de esa experiencia le brinda al deseo no sólo la condición de posibilidad de su génesis sino también la de su inevitable repetición. La dimensión del deseo contribuirá a garantizarle al niño, cautivo de un organismo dependiente del orden de la necesidad, la promoción del estadio de objeto al de sujeto. Esto se explica por el hecho de que el deseo sólo parece deber inscribirse en el registro de una relación simbólica con el Otro y a través del deseo del Otro.

En el ejemplo del registro alimentario donde se actualizan las primeras experiencias de satisfacción, el recién nacido depende constitutivamente, en su ser, del orden de las exigencias de la necesidad. Las primeras manifestaciones de esos imperativos orgánicos se traducen en estados de tensión del cuerpo cuyos estereotipos físicos constituyen la respuesta del cuerpo a la privación. La incapacidad del niño para satisfacer por sí mismo esas exigencias orgánicas requiere y a la vez justifica la presencia de otro. ¿Cómo se hace cargo del niño el otro? Lo primero que hay que señalar es que esas manifestaciones corporales toman inmediatamente el valor de *signos* para ese otro ya que es él quien aprecia y decide comprender que el niño está en estado de necesidad. En otras palabras, esas manifestaciones sólo tienen sentido en la medida en que el otro se lo atribuye. Por eso no se puede decir que el niño utiliza esas manifestaciones corporales para *significar* algo al otro. En esta primera experiencia de satisfacción, no hay *ninguna intencionalidad* por parte del niño para movilizar el estado de su cuerpo en manifestaciones que tendrían valor de mensaje destinado al otro. Por el contrario, si esas manifestaciones toman inmediatamente un sentido para el otro, es porque se ha ubicado al niño, desde un comienzo, en un universo de comunicación en donde la intervención del otro constituye una *respuesta* a algo que previamente se ha considerado como una *demanda*. Por medio de su intervención, el otro remite inmediatamente al niño a un universo semántico y a un universo de discurso que es el suyo. Es así como el otro, *que inscribe al niño en ese referente simbólico*, se atribuye a sí mismo la catexia de ser un otro privilegiado con respecto al niño: el de ser el *Otro*.

La madre, promovida por el niño a la categoría de Otro, lo

somete al universo de sus propios significantes al movilizarse a través del aporte del objeto alimentario, en una respuesta que brinda a la que previamente interpretó como una supuesta demanda (manifestaciones corporales). Ahora bien, en cierto modo, se puede considerar esa supuesta demanda como la proyección del deseo del Otro.

El proceso de la primera experiencia de satisfacción continúa cuando la madre "responde" con el objeto de la necesidad. El niño reacciona a la asimilación del objeto con una "distensión orgánica" relacionada con la satisfacción de la necesidad. Este momento de distensión es inmediatamente cargado de sentido por el Otro. La distensión orgánica tiene para la madre el valor de un mensaje que el niño le dirigiría como un "testimonio de reconocimiento" puesto que este sentido se basa en el deseo que la madre confirió al niño. En otras palabras, *el niño queda irreductiblemente inscrito en el universo del deseo del Otro en la medida en que está prisionero de los significantes del Otro.*

A la "distensión orgánica", la madre responde con gestos y con palabras que serán para el niño la fuente de una prolongada distensión. Esta respuesta es la que va a hacer *gozar* verdaderamente al niño, más allá de la satisfacción de su necesidad. En este sentido se puede circunscribir el lugar de una satisfacción global en la que *el goce "extra" (en plus) que agrega el amor de la madre se suma a la satisfacción de la necesidad propiamente dicha.* Recién en este momento de la experiencia de satisfacción, el niño es capaz de *desear por medio de una demanda dirigida al Otro.*

Cuando la necesidad se vuelve a manifestar, el niño ya puede usar por su cuenta el sentido que le ha sido dado a la vivencia psíquica de la primera experiencia de satisfacción. Aquí volvemos a encontrar el proceso descrito por Freud en donde el surgimiento del deseo se basa en la reactivación de una huella mnésica en el transcurso de la excitación pulsional. La imagen mnésica, catectizada nuevamente por la moción pulsional, se introduce en una vivencia marcada por la red significante del Otro. El dinamismo del deseo puede entonces vectorizar la estimulación del cuerpo, bajo el efecto de la privación, en una organización de signos que el niño moviliza cada vez más intencionalmente con respecto al Otro a la espera del retorno de la satisfacción, provisoriamente asumida en forma alucinatoria. En este sentido, la movilización significante de las manifestaciones corporales del niño se convierte entonces en una verdadera *deman-da* con respecto a la satisfacción esperada imperativamente. Con esta demanda se inicia la comunicación simbólica con el Otro, que posteriormente culminará, a través de la metáfora del Nombre del Padre, en el dominio del lenguaje articulado. Con esta demanda el niño da prueba de su ingreso al universo del deseo, el cual, según Lacan, *siempre se inscribe entre la demanda y la necesidad.*

La demanda, como expresión del deseo, es doble. Más allá de la demanda de satisfacción de la necesidad, se perfila la demanda de algo "extra", que es ante todo demanda de amor. En general, la demanda siempre está *formulada y dirigida al próji-mo.* Aunque se refiera a un objeto de necesidad, es fundamentalmente "inesencial" (Lacan) porque se trata de una demanda de amor en la que el niño quiere ser el único objeto del deseo del Otro que satisface sus necesidades. En otros términos, ese deseo del deseo del Otro se encarna en el deseo de un "re-encuentro" con la satisfacción originaria en donde el niño recibió satisfacción bajo la forma de goce sin haberlo pedido ni esperado. De hecho, el carácter de éste goce proviene de su inmediatez con respecto a la experiencia primera de satisfacción en donde, precisamente, no está mediatizado por una demanda; de esta manera, a partir de la segunda experiencia de satisfacción, la mediación de la demanda confronta al niño con el orden de la pérdida. Algo falló, en efecto, en la diferencia que se establece entre lo que se le da al niño inmediatamente, sin mediación psíquica, y aquello que se le da mediatamente, como si debiera ser pedido.

El surgimiento del deseo depende entonces de la búsqueda, del "re-encuentro" con la primera experiencia de goce. Pero a partir de la segunda experiencia de satisfacción, el niño está sometido al sentido y se ve obligado a formular una demanda para hacer escuchar su deseo, a intentar *significar* lo que desea. Ahora bien, la mediación de la nominación introduce una inadecuación entre lo que se desea fundamentalmente y lo que la demanda deja escuchar. Esta inadecuación es la que da la pauta de la imposibilidad del re-encuentro del primer goce con el Otro. Ese Otro que hizo gozar al niño permanece inaccesible y perdido como tal, a pesar de ser buscado y de que su encuentro sea algo esperado, a causa de la cesura introducida por la demanda. Por lo tanto, ese Otro se convierte en *la Cosa*[235] — *das Ding* — de la que el niño desea el deseo, pero ninguna de las demandas en las que se apoya ese deseo podrá significarlo adecuadamente. La Cosa es *innombrable* y su esencia está condenada a una "imposible saturación simbólica",[236] ya que el mismo hecho de la designación confirma lo imposible de la relación con la Cosa; y cuanto más se despliega la demanda, más se acentúa su distancia con respecto a la Cosa. A través de las demandas el deseo se estructura como deseo de un objeto imposible, más allá del objeto de la necesidad; objeto imposible que la demanda se esfuerza en querer significar. El deseo renace entonces inevitablemente idéntico a sí mismo, basado inevitablemente en la falta dejada por la Cosa, de tal modo que *ese vacío se constituye tanto en la causa del deseo como en aquello hacia lo que el deseo apunta.* Además de circunscribir un lugar apto para ser ocupado por cualquier objeto, tales objetos nunca serán otra cosa que objetos sustitutivos del objeto faltante. En este sentido no se puede hablar de un objeto del deseo salvo para designar a tal objeto como "objeto eternamente faltante" (Lacan). A este objeto, que es a la vez objeto del deseo y objeto causa del deseo, Lacan lo denomina objeto *a.* El objeto *a,* al testimoniar una pérdida, es, en sí mismo, *un objeto productor de falta* en la medida en que esta pérdida es imposible de colmar.

El deseo que se separa necesariamente de la necesidad, porque es ante todo *falta de ser* (Lacan) por encima de la demanda, inscribe al niño en una relación indefectible con el deseo del Otro. El niño presiente (más que descubre) que el deseo del Otro sufre de la misma falta que el suyo y gracias a eso puede constituirse como un objeto potencial del deseo del Otro, e incluso como objeto susceptible de colmar la falta del Otro a través de una identificación con el objeto fálico. En cierto modo, ser el único objeto del deseo del Otro sería para el niño rechazar la esencia fundamental del deseo que es la falta. Así como el niño rechaza, por su parte, esta dimensión de la falta, así también intenta rechazar la falta en el Otro presentándose a sí mismo como objeto de esa falta. Inversamente, reconocer la falta en el Otro[237] como algo imposible de llenar demuestra que el niño acepta la falta en el proceso de su propio deseo. Este reconocimiento se encuentra en el principio mismo de la postura fálica que, como vimos, se despliega durante la dialéctica edípica luego de la cual el niño abandona la posición de objeto del deseo del Otro en favor de la de sujeto deseante. En esa posición puede referir a sí mismo objetos elegidos como objetos sustitutivos del deseo que reemplazan metonímicamente al objeto perdido.

21.

El grafo del deseo 1:
De la puntada al molino de
palabras

La relación del sujeto con su deseo, que se basa en la dimensión de la falta, no está fundada de ningún modo sobre una armonía preestablecida, ya que el deseo siempre es deseo de otra cosa (metonimia del deseo) que lo que puede vehicular la demanda. En esto reside la paradoja del deseo: aunque se base en el *"más acá"* de la demanda, el deseo encuentra en ella materia significante para articularse y hacer oír, *más allá* de ella, una verdad inconsciente del sujeto que se dice sin que él lo sepa.

El deseo, obligado a convertirse en palabra dentro del molde que le impone la demanda, se ve prisionero del proceso del lenguaje. Sin embargo, dada su anterioridad lógica en la secuencia del discurso que lo hace aparecer, en realidad el lenguaje en su totalidad es el que queda atrapado en las redes de las determinaciones inconscientes del deseo. La evidencia más inmediata de la interrelación entre el deseo, el inconsciente y el lenguaje se manifiesta en el carácter profundamente contingente del sentido. El despliegue del discurso en el *ser parlante* acarrea como consecuencia que *no exista el sentido en sí mismo. Sólo hay sentido metafórico.* El sentido surge únicamente de la sustitución de un significante por otro significante dentro de la cadena significante. En otros términos, se trata, ante todo, de la primacía del significante sobre el significado. Una prueba más es esta pequeña historia mencionada por Lacan:

"Un tren llega a la estación. Un niño y una niña, hermano y hermana, están sentados frente a frente en un compartimiento; por la ventanilla se ven los edificios del andén, a lo largo del cual el

tren se detiene: ¡Estamos en Damas!, exclama el niño. —¡Imbécil!,
responde la hermana, ¡no ves que estamos en Caballeros!"[238]

En esta historia de edículos, que registra el imperativo según el cual el hombre "somete su vida pública a las leyes de la
segregación urinaria",[239] se recuerda que un significante sólo accede al sentido al remitir inevitablemente a otro significante. El
significante sería incapaz de representar el significado. "Damas"
y "Caballeros" son para los niños dos significantes diferentes en
la medida en que están asociados a un mismo significado en función de otros significantes.

Ya hemos insistido sobre el hecho de que esa primacía del
significante sobre el significado constituía para Lacan el origen
de una concepción diferente de la segmentación significativa tal
como la define Saussure.[240] Para Lacan, la segmentación significativa aparece como la relación inmediata de un flujo de significantes con un flujo de significados; esta segmentación interrum-
piría momentáneamente el "deslizamiento indefinido de la significación".[241] La *puntada* constituye esta operación de segmentación que recuerda la función del valor del signo[242] puesto en
práctica en el proceso de la significación:

> "Si debemos encontrar un medio de acercar aun más las rela-
> ciones entre la cadena significante y la cadena significado, podre-
> mos hacerlo a través de la burda imagen de la puntada (...)
> Está claro, por ejemplo, que si empiezo a decir una frase sólo
> podrán comprender el sentido cuando haya terminado, ya que es
> absolutamente necesario que haya dicho la última palabra para
> que ustedes comprendan dónde está la primera."[243]

Aunque la *puntada* reemplace al "corte" saussuriano, va
mucho más allá del principio de segmentación lingüística que
determina al signo, según el fundador de la lingüística estructural. A partir de la puntada introducida por Lacan, se perfila
dentro del proceso del discurso una dimensión que podría denominarse como ante-lingüística: la dimensión del deseo. Es por
eso que la representación topográfica de esta segmentación, es
decir de la puntada, constituye el elemento de base del *grafo del
deseo*.

Lacan elabora progresivamente el *grafo del deseo* en el
transcurso de dos seminarios sucesivos: "Les formations de l'inconscient" (1957-1958) y "Le Désir et son interprétation" (1958-
1959).[244] También retomará el esquema constitutivo en: "Sub-

169

version du sujet et dialectique du désir dans l'inconscient freudien".[245]

El elemento de base constitutivo del grafo nos es dado por el *grafo I*, es decir, por el trazado de la puntada:[246]

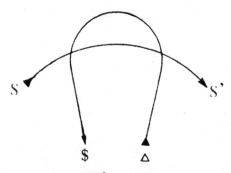

En el grafo I, el vector $\overrightarrow{\Delta\$}$ esquematiza la operación de almohadillado de la cadena significante materializada por SS'. El vector $\overrightarrow{\Delta\$}$ es el *vector de los significados*. La metáfora del almohadillado determina así una doble intersección que ilustra la propiedad del discurso según la cual el último término de una secuencia hablada es el que le otorga su significado al primero y a los que le siguen. En otros términos, el sentido retrospectivo del vector de almohadillado $\overrightarrow{\Delta\$}$ metaforiza en el grafo I el valor del signo saussuriano, es decir, la determinación del significado *a posteriori*; "cada término se anticipa a la construcción de los otros, e, inversamente, confirma el sentido de éstos gracias a su efecto retroactivo."[247] El registro del a posteriori, que se hace presente a través del sentido retrospectivo del almohadillado, toma nota de la enseñanza más inmediata de la experiencia analítica con respecto al discurso del *ser hablante*.

Si bien la puntada ilustra claramente el principio del vinculo entre el significado y el significante en el proceso del lenguaje, este vínculo no puede reducirse, sin embargo, a una simple intersección, tal como lo deja entender el grafo I. Es necesario recurrir a una representación más estructurada, cuyo modelo nos ofrece Lacan en su seminario del 6 de noviembre de 1957[248] y sobre la que nos apoyamos de aquí en adelante. Volvamos a la representación gráfica de la puntada, sin olvidar que las marcas ▲ representan un punto de partida mientras que las flechas indican un punto de llegada:

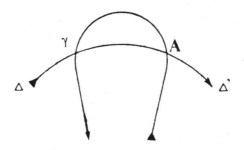

En esta nueva figura, la cadena significante está representada por el vector $\overrightarrow{\Delta \, \gamma \, A \, \Delta'}$.

Dada la primacía del significante sobre el significado, esta cadena constituye un lugar favorable a posibilidades de operaciones *metafóricas* y *metonímicas* ya que, como vimos antes, las metáforas y las metonimias se elaboran a la manera de sustituciones significantes.

Por otra parte, ese vector $\overrightarrow{\Delta \, \gamma \, A \, \Delta'}$ estará constituido esencialmente por *fonemas*, es decir, por las unidades más pequeñas desprovistas de sentido, cuya combinación garantizará la producción de significantes.

Cada lengua cuenta con una cantidad definida y limitada de estas *unidades distintivas mínimas* que se puede discriminar fácilmente por medio de un análisis que consiste en conmutar dos de esas unidades en el mismo contexto de una secuencia hablada. Si la conmutación produce dos sentidos diferentes, se trata de dos fonemas:

Ejemplo:

"Hay una *hoz* de menos"

"Hay una *hez* de menos"

La conmutación de /o/ por /e/ produce sentidos diferentes y por lo tanto /o/ y /e/ son auténticos fonemas. En otras palabras, los fonemas están especificados por el código de cada lengua y por lo tanto los mensajes se distinguen unos de otros gracias a su sistema de oposición.

A causa de su estructura fonemática, el vector $\overrightarrow{\Delta \, \gamma \, A \, \Delta'}$ podrá prestarse potencialmente a la actualización de una pluralidad de efectos significantes.

Completaremos la representación de la puntada agregando un nuevo circuito: el circuito $A \, \beta\beta\gamma$.

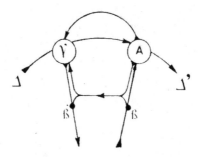

Este nuevo circuito representa el circuito del discurso, del *discurso racional*, también designado por Lacan como *círculo del discurso*. Ese discurso, que no es más que el discurso corriente, el discurso común, está constituido por *semantemas*, es decir por elementos significativos. Dentro del círculo del discurso se encuentra determinado el empleo de significantes, es decir, lo que en el uso de ese discurso constituye los puntos fijos determinados por el *código*.

El código se define como el conjunto de signos y de símbolos que permiten no sólo representar, sino también transmitir información. Esta competencia sólo es posible gracias a que el conjunto de símbolos y de signos está regido por convenciones preestablecidas. El código del discurso no sólo autoriza sino que también funda la comunicación intersubjetiva.

Las prescripciones impuestas por el código hacen que el círculo del discurso sea un nivel de articulación de la palabra en donde las posibilidades de creación de sentido son muy reducidas, ya que de alguna manera el sentido está fijado por el código mismo. En consecuencia, el círculo del discurso es un lugar de discurso relativamente vacío, un lugar de *palabra vacía*, es decir, el lugar del discurso concreto del *ser hablante* que se esfuerza por hacerse oír.

En este primer esquema, los dos vectores trazados en sentido contrario para mostrar que se deslizan el uno hacia el otro, se recortan en dos puntos de intersección perfectamente identificables. El primero de ellos, *el punto A, que es el punto en el que se encuentran fijados los diversos empleos de los significantes es el lugar del código.* Como tal, el punto A es *el lugar del referente simbólico*, es decir, eso a lo que se refiere el discurso en tanto que presenta una aptitud intersubjetiva que lo distingue precisamente del discurso delirante, que no se apoya en ese garante simbólico. *El lugar del código aparece así como el lugar del Gran Otro* que Lacan denomina, por esa razón, "tesoro de los significantes" y simultáneamente, "compañero del lenguaje".

El segundo punto de intersección, el punto γ, en donde se cierra el aro, es el lugar de encuentro con la cadena significante en donde va a constituirse el sentido a partir del código. Es entonces *el lugar del mensaje.*

El mensaje es una secuencia de señales, de símbolos que corresponden a reglas de combinación estrictamente determinadas por un código. La significación del mensaje sólo puede ser captada en función de ese código ya que, finalmente, percibir la significación de un mensaje siempre es decodificar la forma de un mensaje inicialmente codificado.

Como el lugar del punto γ es el lugar del mensaje, es también el lugar en donde algo del orden de la verdad de aquel que habla es más susceptible de aparecer, bajo la forma de una *palabra llena.* Ahora bien, según observa Lacan, en general ninguna verdad adviene en el lugar del mensaje porque el discurso no atraviesa verdaderamente la cadena significante. Hace cortocircuito en esta cadena en lugar de pasar por el circuito del agran aro $\overrightarrow{A \; \gamma}$ que va del código al mensaje. Este cortocircuito que está representado en el grafo por el segmento $\overline{\beta\beta}'$ hace que un discurso no pueda decir nada desde el punto de esa verdad porque gira en falso en una *inagotable repetición.* A través de ese circuito, el *ser hablante* da lo mejor de sí mismo agotándose en el registro de la palabra vacía del *molino de palabras* (Lacan) que nos vuelve a llevar al orden del testimonio puro y simple de nuestra condición de animales hablantes:

> "El discurso común de esas palabras para no decir nada es lo que le permite a uno asegurarse de que no está simplemente frente a lo que el hombre es al natural, es decir una bestia feroz."[249]

El cortocircuito del *molino de palabras* pasa por esos puntos específicos β y β' en la medida en que esos dos puntos encarnan dos instancias esenciales. El punto β' es el lugar en donde Lacan sitúa al *objeto metonímico,* es decir al objeto que siempre está metonímicamente delegado en el lugar del objeto del deseo.[250] En cuanto al punto β, es el que especifica *al sujeto, el "yo" (je), es decir, al lugar, en el discurso, de aquel que habla.*

Ya en esta primera etapa de elaboración del grafo del deseo es posible poner en evidencia algunas propiedades fundamentales verificadas tanto a través del análisis lingüístico como de la experiencia analítica.

En primer lugar, queda claro que un mensaje —cualquiera que sea— sólo puede elaborarse si existe ese dispositivo en su totalidad. Por otra parte, el habla auténtica de un sujeto (la palabra plena) sólo puede advenir al lugar del mensaje si una cadena de significantes se despliega bajo la tutela de un código que gobierna su uso. En consecuencia, *todo sujeto que compromete su discurso en el cortocircuito del "molino de palabras" necesariamente hace escuchar mucho más de lo que intenta decir.*

Ese acrecentamiento de sentido será el resultado de una elaboración significante que se localiza en la parte superior del dispositivo, que a pesar de haber sido puesto fuera de circuito, no deja de estar presente implícitamente.

Puede ponerse en evidencia el mecanismo constitutivo de esta creación de sentido si examinamos el funcionamiento del conjunto del dispositivo a partir de una formación del inconsciente. En efecto, si bien la articulación del lenguaje es susceptible de crear sentido, puede hacerlo únicamente basándose en procesos metafóricos y metonímicos. Ahora bien, estos dos procesos son, como hemos visto, los mecanismos preferidos de las producciones inconscientes.

En su seminario "Les formations de l'inconscient", Lacan propone poner a prueba el funcionamiento del grafo por medio de una formación del inconsciente que ilustra claramente el proceso de creación del sentido en el lenguaje: *el chiste "famillionnaire"* citado por Freud.[251]

Para comprender exactamente el punto de partida del minucioso análisis que Lacan desarrolla con respecto a la elaboración del chiste sobre el grafo, son necesarios algunos argumentos teóricos complementarios. Lo más importante es elucidar el carácter fundamental de la referencia al Otro que constituye el principio mismo del proceso de comunicación. Se trata, en particular, de asegurarse de que en la comunicación el código es isótopo al lugar del Otro, de donde se desprende que el inconsciente es el discurso del Otro.

22.

La fórmula de la comunicación y el inconsciente como discurso del Otro

En el discurso el "yo" (je) es el *lugar* donde el sujeto se produce como aquel que habla. Hemos visto que esa particularidad tópica dependía del estatuto mismo del sujeto: el sujeto sólo aparece *en* el discurso y *por* el discurso, para eclipsarse inmediatamente. Ese desvanecimiento (*fading*) del sujeto proviene de la relación del sujeto con su propio discurso tal como lo precisó Lacan en el hecho de que "un significante es lo que representa un sujeto para otro significante."[252]

De esta estructura de división resulta una consecuencia fundamental que no ha sido abordada hasta ahora; se trata de localizar, dentro del proceso del discurso, la discriminación que inevitablemente se produce entre el lugar en donde se *origina* el discurso, y el lugar en donde *se produce al reflejarse*. En otras palabras, la relación que se instituye entre el Otro y el "yo" (je) en la articulación del discurso es lo que debe ser analizado.

Para esto volveremos brevemente al *esquema L*, que nos permitirá profundizar ciertos puntos que quedaron en suspenso: en particular, la orientación de los diferentes vectores que unen los cuatro términos del esquema S, o', o, O.

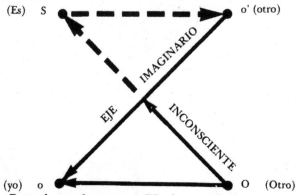

(Es) S — — — → o' (otro)

EJE IMAGINARIO

INCONSCIENTE

(yo) o ← — — — O (Otro)

Recordemos brevemente[253] algunas de las consecuencias que estructuran la comunicación tal como aparecen en el esquema L. El sujeto S se percibe a sí mismo únicamente bajo la forma de su *yo* en *o*. La forma de su *yo* que constituye su identidad depende estrechamente del otro especular, tal como lo indica el estadio del espejo. Por esta razón, la relación que mantiene el sujeto consigo mismo y con los otros (sus objetos) siempre está mediatizada por el eje imaginario *oo'* en una relación de incidencia recíproca. La relación del sujeto con su yo depende necesariamente del otro. E inversamente, la relación que mantiene con el otro siempre depende de su yo. Esta dialéctica de sí hacia el otro y del otro a sí induce, en consecuencia, un modo de relación absolutamente singular dentro de la comunicación intersubjetiva. Cuando un sujeto S trata de comunicarse con un sujeto A, nunca alcanza a su destinatario en su antenticidad y siempre es un yo que se comunica concretamente con otro yo, semejante a él dada la presencia del eje imaginario *oo'*. En otros términos, la S que se dirige al gran Otro sólo comunica con un pequeño otro. En la comunicación el sujeto queda prisionero de la ficción en la que lo introdujo su propia alienación subjetiva.

En el esquema L, el sentido de las flechas remite al orden de los hechos de estructura de esta comunicación intersubjetiva. El sujeto S que se dirige al Otro encuentra desde el primer momento al pequeño *o*tro (S —→o') que lo remite *ipso facto* a su propio yo (*o'* —→*o*) de acuerdo con el eje de construcciones imaginarias de los ego y los alter ego. Lacan insiste sobre el sentido de esta relación necesariamente reflexiva en la medida en que un ego siempre es también un alter ego y viceversa.

176

El sentido de los otros vectores también debe ser precisado. Vemos que el vector que parte de O hacia S sigue su trayectoria en línea entrecortada después de haber sido segmentado por $o' \rightarrow o$ (O —·—·→ S). Otro vector que también se origina en O llega al yo (O → o). Esta doble orientación vectorial parece contradecir las direcciones precedentes. Todo sucede como si cuando un sujeto S se dirige a Otro, *algo le llegara de ese* Otro por el simple hecho de dirigirse a él. Pero eso le llega de una manera muy especial caracterizada, a la vez, por la marca de referencia al inconsciente y por el trazado en líneas cortadas a partir de la intersección con $o' \rightarrow o$. Parece haber algo proveniente del Otro que interfiere en la articulación misma de la palabra del sujeto S que se dirige a él. Así como también algo de ese Otro llega directamente (trazo entero) y choca de frente con lo que se realiza en el nivel del yo (O → o).

Para comentar esas diferentes orientaciones sigamos el consejo de Lacan y "tratemos de hacer un poco de linterna mágica"[254] apoyándonos sobre la metáfora explicativa tomada del principio de la conducción eléctrica. Consideremos al *esquema L* como un circuito eléctrico. En la intersección de la dirección simbólica $\overrightarrow{SO}$ con el eje imaginario $\overrightarrow{o'o}$ imaginemos una válvula tríodo, es decir una lámpara constituida por un cátodo, un ánodo y una placa transversal:

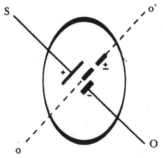

Cuando la corriente pasa por el circuito se produce en ese dispositivo un bombardeo electrónico del cátodo hacia el ánodo. Si la placa transversal está polarizada positivamente, los electrones siempre serán conducidos hacia el ánodo y la corriente pasará. En cambio, si está polarizada negativamente, los electrones negativos que provienen del cátodo serán rechazados por la placa negativa y la corriente ya no pasará.

Según Lacan, esta metáfora electrónica representa con toda justeza la manera en que lo Imaginario $(o\overrightarrow{\,o})$ es capaz de "entrecortar, de medir lo que pasa a nivel del circuito".[255] Y agrega: "Lo que pasa entre O y S tiene un carácter conflictivo en sí mismo. En el mejor de los casos, el circuito se contraría, se detiene, se corta, se interrumpe a sí mismo."[256] Esta propiedad no debe ser perdida de vista dentro del circuito subjetivo de la palabra.

A partir del carácter conflictivo que subyace en la dirección simbólica, ¿se puede concebir para un sujeto, a pesar de todo, la producción de una palabra que podría considerarse palabra fundamental? En otras palabras, ¿se puede producir una *palabra plena* que demuestre que hay una auténtica comunicación entre S y O? Imaginemos una comunicación que no estuviera parasitada por las interferencias imaginarias de $o' \rightarrow o$ y probara la existencia de una palabra que se dirigiera a un Otro que no fuera el otro. Esta potencialidad depende de lo que supone la pregunta aparentemente trivial: "¿Qué es la palabra?"; a lo que Lacan responde lacónicamente: "Hablar es ante todo hablarle a otros."[257]

Esto es precisamente, según Lacan, lo que permite distinguir con nitidez el habla de una grabación de lenguaje.

A la luz del *esquema L* se puede comprender lo que significa "hablarle a otros". Un sujeto que le habla a otro siempre le dirige un mensaje a ese *otro* al que necesariamente considera como un Otro; esto muestra en qué medida ese *otro* al que se dirige es reconocido como un Otro absoluto, un verdadero sujeto. Pero aunque el sujeto lo reconozca como Otro, según Lacan *no lo conoce como tal*, y "lo que caracteriza la relación de la palabra al nivel en que es hablada al otro es esencialmente este desconocimiento en la alteridad del Otro."[258]

En consecuencia, en la palabra verdadera, el Otro es eso frente a lo cual nos hacemos *reconocer* en la medida en que implícitamente ya lo reconocimos como tal. Y es necesario que así sea para que nosotros mismos podamos hacernos reconocer como portadores de una palabra plena. Como lo subraya Lacan, eso supone "el reconocimiento de un Otro absoluto, al que se apunta por encima de todo lo que ustedes podrán conocer y para quien el reconocimiento sólo tiene valor porque está más allá de lo conocido. El reconocimiento es aquello a través de lo cual ustedes lo instituyen, pero no como un simple elemento de la realidad, un peón, una marioneta, sino como un absoluto irreductible, de cuya existencia como sujeto depende el valor mismo de la palabra en la cual ustedes se hacen reconocer."[259]

El *motor* de la articulación de una palabra plena nos está dado por *el principio mismo que estructura la comunicación auténtica en esa clase de mensajes que el sujeto estructura como si vinieran del otro en forma invertida.* Es otra manera de decir que "el emisor recibe del receptor su propio mensaje en forma invertida."[260] En el caso de las fórmulas radicales como *"Eres mi maestro"* o *"Eres mi mujer",* que constituyen mensajes que significan *plenamente* lo contrario de lo que articulan en el presente de la palabra, e ilustran con toda claridad el reconocimiento implícito del Otro.

El sujeto que interpela al Otro diciendo "Tú eres mi maestro" le está formulando implícitamente *"Soy tu discípulo",* aunque lo que articule en la realidad de su discurso siga siendo "Tú eres mi maestro". El sujeto se hizo reconocer implícitamente como un discípulo a la vista de Otro al que puede reconocer explícitamente en su palabra como su Maestro. Esta estructura de la comunicación es imperativa ya que sólo ella permite explicar de dónde saca el sujeto la certeza asertiva que lo autoriza a afirmar: "Eres mi maestro". Efectivamente: *"Eres mi mujer* —¿después de todo cómo lo sabe? observa Lacan, *Eres mi maestro* — ¿está seguro? Lo que le da su valor fundamental a estas palabras, es que aquello a lo cual se apunta en el mensaje, es que el otro está allí en tanto que Otro absoluto."[261] Esa certeza del sujeto al decir "Eres mi maestro" sólo puede fundarse en un más allá de su palabra; más exactamente, *en un mensaje que previamente le llegó desde ese más allá* y a través del cual él se reconoció como discípulo:

> "El *eres mi mujer* o el *eres mi maestro* quiere decir: *Eres lo que aún está en mi palabra y eso sólo lo puedo afirmar tomando la palabra en tu lugar. Eso viene de ti para encontrar aquí la certeza de lo que yo comprometo. Esta es una palabra que te compromete.* Aquí está manifestada la unidad de la palabra como fundadora de la posición de los dos sujetos."[262]

El más allá de la palabra de la que proviene ese mensaje implícito es el Otro, lo que contribuye a hacer que el lenguaje humano dependa de una forma de comunicación en donde *nuestro mensaje nos viene del Otro bajo una forma invertida.*[263] En otras palabras: "la palabra siempre incluye subjetivamente su respuesta".[264] De acuerdo con todo esto, todo sucede como si la alocución se constituyera como una respuesta, de tal modo que podría decirse que en la comunicación auténtica, hablar sería hacer hablar al Otro como tal.

En el *esquema L* volvemos a encontrar actualizada esa incidencia del Otro en el proceso de la comunicación intersubjetiva. El sentido del vector O → S nos indica, en efecto, que la palabra que el sujeto destina al Otro le llega desde O en forma invertida. Pero este mensaje que proviene de O, al ser implícito, le llega a S sin que éste lo sepa; de allí la mención *inconsciente* que aparece a lo largo de esta dirección simbólica que se origina en O y va hacia S. La orientación del vector $\overrightarrow{Oo}$ en el *esquema L* está allí para demostrar que ese mensaje que proviene del Otro no es captado por el sujeto a pesar de estar allí. El sujeto S que se dirige al Otro, se escucha decir en el punto *o*, que es el punto de la representación imaginaria del sujeto que habla: "Eres mi maestro", El "soy tu discípulo", mensaje constituido originariamente en O, sólo le llega en su forma invertida "Eres mi maestro" a causa de la mediación del eje imaginario *o' → o**. En este sentido, se ve con toda claridad que en el lugar del Yo (o), la articulación del mensaje está totalmente sobredeterminada por el mensaje que proviene de O (O → o).

Esta obstrucción que impide la comunicación directa de sujeto a sujeto justifica el *muro del lenguaje* mencionado por Lacan. En consecuencia, se puede presentar al *inconsciente como "ese discurso del Otro, en el que el sujeto recibe en forma invertida, como conviene para el caso de una promesa, su propio mensaje olvidado".*[265]

Nada mejor que relacionar esta incidencia de la alocución en el lugar en el que Lacan circunscribe su impacto más manifiesto, es decir en "La Direction de la cure et les principes de son pouvoir":

> "Partamos una vez más de esto, de que en primer lugar, para el sujeto, su palabra es un mensaje porque se produce en el lugar del Otro. Que de este hecho provenga su demanda y sea extendida como tal, no implica solamente que está sometida al código del Otro. En ese lugar del Otro (e incluso en su tiempo) está fechada."[266]

Como última prueba de este hecho de estructura de la palabra, mencionaremos un ejemplo clínico que aporta, a contrario, por medio de la intrusión de la palabra delirante, la justificación fundamental de la existencia del Otro como garante de la referencia simbólica.

Este fragmento clínico, citado en el seminario *Les Psychoses*,[267] está tomado de la presentación de enfermos de Lacan durante la cual una mujer paranoica relata lo que sigue:

Un día, al salir de su casa, fue increpada por ese hombre libidinoso y particularmente maleducado, que es el amante de su vecina. El hombre profirió tal palabrota, que al principio no pudo repetirla. sin embargo, según parece, la palabrota no vino sola. Ella reconoce haber farfullado algunas frases desconsideradas al pasar este hombre, cuando expresó: *"Vengo de la tienda de embutidos"*.

Lacan deduce que debía haber en esa frase alguna alusión al cerdo o al *puerco* destinada al grosero personaje. pero, ¿por qué se articula la apreciación bajo la forma de la alusión? ¿Po qué le dice: "vengo de la tienda de embutidos" en lugar de decir simplemente: "cerdo"? El enigma se disipa un poco cuando ella confiesa que luego de su expresión el personaje le respondió precisamente: "cerda"; ya que ésta era la palabrota inconfesable del comienzo.

Lacan ve en esto una ilustración de la fórmula de la comunicación: el sujeto recibe su mensaje del Otro en forma invertida. Sin embargo, en el caso citado, la comunicación es muy singular ya que a esta mujer psicótica, el mensaje le viene de *otro* y no del *Otro*. Por otra parte es un rasgo específico del discurso psicótico que el mensaje anticipado e invertido no provenga del lugar del *Otro*.

Por una parte, observa Lacan, todo sucede como si el mensaje "cerda" fuera el mensaje propio del sujeto que le llega por reflejo. Por otra parte, esta estructura de la comunicación sólo puede encontrar su plena confirmación a la luz de la problemática del sujeto. Aquí se trata de una forma típica de paranoia que se despliega a modo de un delirio de a dos entre una madre y su hija. Estas dos mujeres, ligadas simbióticamente, mantienen una relación solitaria y una existencia recluida del mundo exterior. Aunque la hija se haya casado, no ha podido separarse de su madre y viceversa. La evolución dramática de la situación conyugal no hará más que reforzar esta solidaridad patológica. De hecho, la pareja madre-hija llegará a huir de los excesos del marido que amenazó a su mujer con cortarla en pedazos. A partir de ese momento, relata Lacan, las dos mujeres organiza-on su vida evitando toda referencia al elemento masculino, que se transformó para siempre en un elemento extraño rechazado. En este universo de vida exclusivamente femenino se va a estructurar la problemática del discurso, de tal modo que estas dos mujeres ya no se encontrarán en situación de recibir su mensaje del otro, sino de articularlo ellas mismas al otro. Este tipo de comunicación instituido entre ellas será proyectado, sin excepción, en relación con todos los otros.

En estas condiciones, el insulto sólo puede aparecer como un medio de defensa que surge en su relación a través de un discurso reflexivo. Si la estructura de la palabra está hecha de tal modo que siempre es el Otro el que habla detrás nuestro, en el caso de este insulto, ¿quién pronuncia "cerda"? Lacan supone que todo sucede como si el encuentro con el personaje grosero desencadenara una alucinación auditiva de la palabra "cerda" que llegaría en respuesta a "vengo de la tienda de embutidos". Justamente al tratarse de un fenómeno alucinatorio, el amante de la vecina se manifiesta supuestamente como algo real que habla. Así, su propia palabra proviene de ese *otro* semejante a ella. En otras palabras, aquí el mensaje no llega realmente en forma invertida ya que su propia palabra está *dentro* del otro. La palabra que se articula en lo real no viene de un más allá del interlocutor que sería el Otro; viene de un más allá del mismo sujeto que no es el más allá de la referencia simbólica, sino un más allá absolutamente subjetivo. En este sentido, todo el esquema de la comunicación tiende a invertirse y a desplegarse, por esta razón, a la manera de la palabra delirante. Lacan llega a la conclusión de que *ya no es la alocución lo que se articula como la respuesta a un mensaje que provendría del Otro. De ese más allá imaginario, por el contrario la respuesta presupone y a la vez induce la alocución.* Aquí "cerda" gobierna a "vengo de la tienda de embutidos".

El esquema L permite explicar con toda claridad la dinámica de esta comunicación delirante.

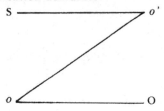

Situemos al amante de la vecina en o'y al yo del
En el ejemplo presente O queda totalmente fuera de c.
el punto o se articula el mensaje que viene de S bajo
"vengo de la tienda de embutidos". En cambio, el perso
sero, alter ego de o, articula *supuestamente* el insulto
en o'. La persona que habla recibe en cierto modo su
mensaje bajo una forma aparentemente invertida que le lle
o', es decir, del otro. Lo que dice concierne entonces al má
de lo que ella misma es en tanto que sujeto. Pero aquí el suje
no se dirige en realidad a O que queda fuera del circuito. Se d.
ge a o'del que recibe su propia palabra, sin darse cuenta de q
"su propia palabra está en el otro que es ella misma, el pequeñ
otro, su reflejo en su espejo, su semejante".[268] Así, en esta palabra delirante, como lo señala Lacan, "el circuito se cierra
sobre los dos pequeños otros que son la marioneta que habla
frente a ella, y en la cual resuena su propio mensaje, y ella misma, en tanto que yo siempre es otro y habla por alusión."[269] Lacan insiste sobre el hecho de que la estructura de la alusión es totalmente flagrante en la medida en que ella no sabe lo que dice
de sí misma:

> "¿Quién viene de la tienda de embutidos? Un cerdo trinchado.
> Ella no sabe que lo dice, pero lo dice de todos modos. Lo que le di-
> ce a ese otro al que le habla lo dice de ella misma —Yo, la cerda,
> vengo de la tienda de embutidos, ya estoy desmembrada, el cuerpo
> fragmentado, *membra disjecta*, delirante, y mi mundo se va en pe-
> dazos, como yo misma."[270]

En conclusión, este ejemplo nos enseña que en la palabra
delirante todo lo que concierne al sujeto hablante está *dicho realmente* en el lugar del *otro* en la medida en que el Otro está
excluido del circuito de la palabra. Pero al hacer esto, excluye
también a aquello que puede asentar y garantizar la verdad de
una palabra plena en el discurso del sujeto.

23.

El grafo del deseo 2: La creación de sentido en la técnica significante del chiste y la subversión del inconsciente en el lenguaje

Por encima del cortocircuito del "molino de las palabras" tal como fue introducido precedentemente en el primer nivel de elaboración del grafo,[271] la articulación significante puede, sin embargo, hacer advenir una palabra plena. Puede hacerlo, por ejemplo, a través de una formación del inconsciente que puede promover un auténtico efecto de creación de sentido. El ejemplo del chiste *famillionnaire* ilustra directamente esta técnica del significante tal como se puede captar al proceso sobre el grafo.

Ya hemos puesto en evidencia las correlaciones estructurales que podían existir entre los procesos de elaboración de chistes y las construcciones metáforo-metonímicas.[272] Lacan nos recuerda que Freud se sitúa de entrada en una teoría estructural del significante con respecto a la comprensión del chiste. Por lo tanto si el chiste proviene ante todo de una "técnica del significante",[273] se trata de una técnica en la que el papel del significado es secundario, lo que confirma claramente la construcción del neologismo *famillionnaire* sobre el grafo.

Recordemos brevemente dentro de qué contexto se inscribe el célebre chiste. El protagonista, Hirch Hyacinthe, trata de explicarle a su interlocutor cómo fue recibido por Salomon Rothschild. Su intención inicial era expresar: "Me trataba de igual a igual, de manera familiar", pero su formulación fue: "Me trató de una manera totalmente *famillionnaire*". Freud identifica inmediatamente en la construcción del neologismo la huella del mecanismo de la condensación, que muestra el siguiente montaje:

184

FAMILI   ERE

MILLIONNAIRE

FAMILLIONNAIRE

Volvamos a la primera representación del grafo para mostrar el mecanismo que indujo esta "especie de moldeamiento"[274] entre dos líneas significantes.

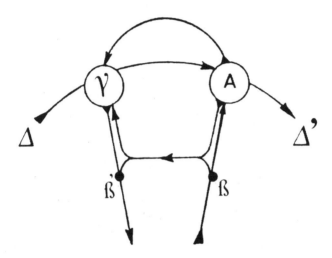

En este grafo, el circuito de la palabra se origina *aparentemente* en β, lugar en el que el sujeto se produce como aquel que habla. Pero estructuralmente, como hemos visto, el auténtico punto de partida de la palabra está inscripto en A lugar del Otro, en donde el sujeto recibe su propio mensaje en forma invertida. En consecuencia, el verdadero circuito de la palabra tiene su origen en A sobre el grafo (en el lugar del Otro), luego se refleja en β en donde se encuentra el "yo" (Je), a continuación vuelve hacia A (lugar del código) para dirigirse a γ donde termina el mensaje.

Si Hirch Hyacinthe hubiera dicho efectivamente "Me trataba de igual a igual, de una manera totalmente familiar", el circuito de ese discurso hubiera sido $\overrightarrow{A\beta}$ $\overrightarrow{\beta A}$ y $\overrightarrow{A\gamma}$. Dicho de otro modo, una frase como ésta podría haber sido escuchada por el auditor en el lugar de A, es decir, en el lugar del código. Pero, como insiste Lacan, a causa de la misteriosa propiedad homofónica de los "mil" y de los "aire", es un mensaje absolutamente diferente el que se realiza en el punto γ. Es decir, una nueva composición significante absolutamente ajena a las prescripciones del código en A. En efecto, la palabra *famillionnaire* surge del choque de significantes que se produce en el punto γ y cuya composición se libera de la combinatoria fonemática prevista potencialmente por las reglas de concatenación del código. Eso no quita que el neologismo tenga sentido para el oyente que lo escucha en A. Pero se trata de una significación completamente nueva que sólo se puede explicar por medio de una creación de sentido.

¿Cómo se operó exactamente ese choque de significantes creador de sentido? El sujeto que habla convoca, desde el lugar en donde habla, la serie de elementos significantes con los que debe componer su decir. Para hacerlo, moviliza "la conmoción de la cadena significante"[275] a partir de △. Los elementos significantes solicitados por el sujeto se ordenarán sucesivamente en un discurso en función de las prescripciones combinatorias del código A. Si se produce en γ una combinación significante no prevista por A, quiere decir que la composición significante inicial ha sido perturbada por otros elementos significantes. ¿De dónde vienen entonces esos elementos significantes perturbadores?

La conmoción del material significante convocado por el sujeto en A inicia progresivamente el mensaje en γ, ya que el principio de producción de la significación depende del deslizamiento de las dos cadenas (significantes y significados) una hacia la otra en sentido inverso. Pero si el sujeto organiza su discurso significante convocando el desfiladero de los significantes de △ hacia △', el mensaje sólo se constituye en forma retroactiva. En efecto, el mensaje recién toma su sentido en el momento en que el sujeto ha convocado a la última combinación significante (valor del signo de Saussure). En el momento en que se esboza el mensaje en γ otros elementos significantes interferirán con la organización significante prevista inicialmente e intencionalmente. La composición significante prevista inicialmente debería producir, en el ejemplo citado, la palabra *familière*. Pero al mismo tiempo, otra composición significante parásita se elabora y da cuerpo a la palabra *millionnaire*, que, de alguna manera, "viajará" de acuerdo con *familière*, pero por otro circuito.

¿De dónde viene esta organización significante subrepticia si no es la que el sujeto convocó intencionalmente? Esta formación significante de contrabando proviene de una determinación que escapa al sujeto y se origina, sobre el grafo, en β'. Para más precisión, esta composición significante está gobernada por β', que es el *objeto metonímico*. En ese contexto, el objeto metonímico está encarnado por *mon millionnaire*, que aparece, para Hirch Hyacinthe, en el lugar del objeto sustitutivo de su deseo. Ya que en esa época, Hirch Hyacinthe, que es un recaudador de lotería en plena crisis, alimenta el deseo de contar con el apoyo de un millonario que lo socorra en tan mala situación. Pero a pesar de sus deseos, la realidad es absolutamente diferente ya que se podría llegar a decir que en cierto modo es el millonario Salomon Rothschild quien lo posee a él. Por eso el *mon millonnaire* sólo puede venir en lugar del objeto inconsciente del deseo de Hirch Hyacinthe.

Mon millionnaire se insinúa entonces subversivamente en el esbozo de la cadena significante y se liga a la organización significante del mensaje intencional, aportando algunas sílabas suplementarias. Por lo tanto hay dos circuitos que se movilizan simultáneamente: el circuito inicial $\beta \rightarrow A \rightarrow \gamma$ y el circuito "de contrabando" $\beta \rightarrow \beta' \rightarrow \gamma$. Gracias a una homofonía parcial entre *familière* y *millionnaire* el choque se produce en el punto γ en una condensación significante creadora de sentido, no prevista por el código. Aquí "el mensaje supera no ya a aquel que llamaríamos el mensajero (...) sino que supera al sostén de la palabra."[276] Como en el punto γ puede producirse una creación de sentido a la manera de las sustituciones significantes, *el punto γ lugar del mensaje, es también el lugar de las sustituciones metafóricas*. De allí esta observación fundamental de Lacan:

> "El mensaje está hecho, en principio, para estar en una cierta relación de diferenciación con respecto al código, pero aquí, es en el plano mismo del significante que está manifiestamente en violación del código (...) El chiste toma a través de esta distinción y de esta diferencia el valor de mensaje. El mensaje reside justamente en esa diferencia con respecto al código."[277]

Sin embargo, para que una concatenación significante, no prevista por el código, pueda ser considerada como un mensaje, es necesario que la distinción con respecto a las prescripciones del código esté confirmada como mensaje en lugar del Otro. En cierto modo, esto supone que el Otro funciona como *tercer-Otro* (Lacan). Es la condición sine qua non de un reconocimiento compartido implícitamente en el lugar del Otro por el hablante y el oyente para que, de ambas partes, la neocomposición significante sea admitida como mensaje, es decir como creación de un nuevo sentido. En otros términos, esta referencia al Otro es la que inscribe la neocomposición significante como un mensaje posible en el lugar del código.

El ejemplo de la subversión inconsciente del significante que funciona en el chiste no sólo justifica la relación que existe entre la creación de sentido y el proceso de la metáfora, sino que ilustra también el proceso fundamental de la evolución de la lengua. Una lengua evoluciona en la medida en que se producen procesos internos de creación de sentido a través del juego de las sustituciones significantes. De hecho, en la relación de sustitución de un significante por otro significante se engendrará la nueva relación de un significante con un significado. Lacan señala que la metáfora aparece como la fuerza creadora, la fuerza esencial en la producción del sentido:

> "A través de la metáfora, es decir el juego de sustitución de un significante por otro, de cierto lugar, se crea no sólo la posibilidad de desarrollo del significante, sino también la posibilidad de surgimiento de sentidos siempre nuevos."[278]

Además del caso del chiste, el funcionamiento del grafo es muy instructivo en lo que se refiere a otra formación del inconsciente: el olvido de nombres. Aunque el olvido de nombres sea estructuralmente diferente del chiste, su proceso de elaboración dinámica en el grafo es fundamentalmente idéntico. En el olvido, la interferencia de elementos significantes procede siempre en forma de sustitución, puesto que aunque falte algo en el orden del discurso, otra cosa viene en su lugar.

En "Les Formations de l'inconscient",[279] Lacan pone a prueba el grafo con el célebre olvido del apellido *Signorelli*, mencionado por Freud en la *Psicopatología de la vida cotidiana*.[280] En lugar del apellido olvidado, Freud produce una serie sustitutiva: *Boticelli, Boltraffio* y, por asociación, el elemento ulterior *Bosnia Herzégovina*. Los sustitutos del apellido olvidado no aparecen en el discurso de cualquier manera. Todos están convocados a partir de una *aproximación metonímica* ya que están vinculados entre sí por relaciones de contigüidad. Además, en esas sustituciones metonímicas aparece la presencia de las *ruinas del objeto metonímico* (Lacan), es decir, ru nas significantes de la palabra olvidada/reprimida. Por ejemplo, el elemento *elli* de *Boticelli* constituye una primera ruina metonímica del objeto *Signorelli*. Encontramos también en *Boltraffio* una ruina proveniente de *Bosnia Herzégovina*. Finalmente el *Her* (señor) de *Bosnia Herzégovina* está ligado metonímicamente al *Signor* de *Signorelli*, representante indirecto de la muerte que Freud quiere mantener reprimida.

Las ruinas del objeto metonímico permiten identificar la pista del significante perdido a través del hilo de las asociaciones:

> "Esto es la huella, el indicio que tenemos del nivel metonímico que nos permite encontrar la cadena del fenómeno dentro del discurso, en lo que todavía puede hacerse presente en ese punto en que se sitúa en el análisis lo que llamamos asociación libre, en la medida en que esta asociación libre nos permita rastrear el fenómeno inconsciente."[281]

Del chiste al olvido de los apellidos —pasando por el sueño—, se desprende una estructura común a todas estas formaciones del inconsciente. Esta estructura puede elevarse al rango de criterio. En efecto, existe un buen medio para identificar el origen de los procesos inconscientes: *las leyes de funcionamiento de los procesos inconscientes son estrictamente análogas a las leyes de funcionamiento del lenguaje,* ya que las formaciones del inconsciente son isomorfas a los mecanismos de formación de sentido en el lenguaje. Tanto en un caso como en el otro, el sentido siempre está engendrado por el orden de las combinaciones significantes.

La creación de sentido de acuerdo con el mecanismo que muestra el grafo evoca directamente el problema del sujeto dentro del discurso, que puede circunscribirse a dos términos: el *decir del presente* y el *presente del decir,* o bien retomando otra fórmula de Lacan: el *discurso del presente* y el *presente del discurso.*[282] El *decir del presente* se presenta como aquello a través de lo cual se puede identificar la presencia del hablante en su actualidad de hablante. Es lo que en el discurso se llama "yo" (je) y con ese "yo" (je) toda partícula susceptible de representar al sujeto en ese discurso. En cuanto al *presente del decir,* es aquello que remite a lo que hay de actual dentro del discurso. Se trata de algo diferente de la presencia del hablante, ya que lo que sucede a nivel del mensaje efectivo puede ser profundamente subvertido por el deseo inconsciente del sujeto.

Con la introducción de la dimensión del deseo, es necesario pasar a una nueva etapa de configuración del grafo para que aparezcan en él las articulaciones precisas con el lenguaje y el inconsciente.

24.

El grafo del deseo 3:
La conjugación del deseo con
el significante

El sentido profundo del descubrimiento freudiano del inconsciente es inherente a la problemática de la disimulación del deseo. Así como el deseo se manifiesta siempre disimulado en las formaciones del inconsciente, así también, toda formación del inconsciente aparece como testimonio del *reconocimiento del deseo*. Pero se trata también de un *deseo de reconocimiento*[283] bajo una forma significante inmediatamente incomprensible ya que el autor perdió la clave que codifica su discurso.

Reconocimiento del deseo y deseo de reconocimiento no son simplemente cláusulas de estilo. Dentro del tema del reconocimiento del deseo figura la necesidad del deseo de hacerse entender, de ser reconocido incluso al precio de un síntoma o de alguna otra forma apropiada, es decir, disimulada. En cambio, en el deseo de reconocimiento se insinúa la lógica misma del deseo que, como hemos visto, prescribe al deseo ser únicamente deseo del deseo del Otro y permanecer excéntrico a toda solución de satisfacción.

Esta estructura fundamentalmente inesencial hace que el deseo nunca sea completamente articulable. Esto no quiere decir que no esté articulado. Incluso está obligado a hacerse demanda en el desfiladero de la palabra. En otras palabras hablar es de alguna manera demandar, y demandar es desear. Desde este punto de vista hay que abordar ahora el problema de la articulación del deseo con el significante tal como aparece en el grafo.

La dialéctica edípica y la metáfora del Nombre del Padre[284] permiten situar con exactitud la relación que existe entre el deseo y la dimensión de la castración. De esta relación se deduce que el deseo mantiene una cierta relación con la *marca*. Si el deseo del sujeto sólo puede llegar a una cierta madurez después de haber atravesado una determinada cantidad de etapas (durante el Edipo), también es necesario que el falo, en tanto que objeto primordial del deseo, esté *marcado* por algo que se conserva como tal, más allá de la amenaza de castración. En el caso contrario no se podría entender cómo podría un objeto semejante conservar su propiedad de ser un significante del deseo, durante todo el Edipo e incluso después. Esa característica, precisa Lacan,[285] debe ser considerada como un *signo* a través del cual el sujeto identifica la dimensión misma de la castración. Para citar sólo algunos ejemplos, algunos rituales religiosos revelan ese carácter de *signo*, como la circuncisión, ciertas formas de inscripción ritualizadas en el momento de la pubertad, e incluso en los tatuajes y toda otra clase de marca o impresión con la que se adorna el sujeto.

Esas marcas no son sólo signos de reconocimiento sino que muestran, además, una relación específica con el deseo, como lo señala Lacan:

> "Cuando se trata del hombre esto quiere decir que el ser vivo marcado tiene aquí un deseo que está íntimamente relacionado con esta marca (...) Tal vez desde el origen hay en ese deseo una abertura que le permite a esa marca tener una especial incidencia, pero lo que es seguro es que existe la más estrecha relación entre lo que caracteriza ese deseo en el hombre y la incidencia, el papel y la función de la marca."[286]

Semejante incidencia de la marca lleva directamente al problema de la confrontación del significante y del deseo, en la medida en que, en el hombre, esta marca es ante todo el significante como tal. Lacan reduce el principio de esa relación entre el deseo y el significante a la expresión de tres fórmulas sucesivas cuyos elementos encontrarán sus respectivos lugares en la construcción del grafo:[287]

*	d $\Longrightarrow$ \$	$\Diamond$	o $\dashrightarrow$ i (o)	$\longleftarrow$	m
*	D $\dashrightarrow$ O	$\Diamond$	d $\dashrightarrow$ s (O)	$\longleftarrow$	I
*	Δ $\dashrightarrow$ \$	$\Diamond$	D $\dashrightarrow$ S (ϕ)	$\longleftarrow$	Φ

Examinemos ahora sucesivamente la significación de estas fórmulas y de los elementos simbólicos que las componen.

En la *primera fórmula* la d representa al *deseo*. $ es el *Sujeto*. El símbolo o remite al *pequeño otro* en tanto que semejante al sujeto, su *alter ego*. Tal como aparece en el proceso de identificación primordial con el otro especular durante el estadio del espejo.[288] También encontramos este *otro* al nivel del *esquema L* que pone en evidencia el resultado imaginario de esta identificación bajo la forma del yo[289] que está simbolizado en la primera fórmula por m como polo de la identificación narcisista. Así, *esta primera fórmula pone en evidencia la relación del deseo con la identificación narcisista*. El sentido de las flechas tiende a mostrar que no existe ninguna solución de continuidad entre d y m, ya que partiendo de cualquiera de los extremos de la fórmula, siempre en algún momento una flecha se encuentra con otra de sentido contrario. Evidentemente, esto no quiere decir que no hay ninguna relación entre m y d. Esta relación se elabora en torno a un cierto tipo de configuración cuyo sentido aparecerá más adelante. En cuanto al símbolo ◊ (léase *punzón*), alude directamente al *esquema L*, recordando que toda relación del sujeto con el Otro sólo puede efectuarse si en esa relación se encuentran implicados el yo del sujeto o' y sus sujetos o.[290]

> "Este es el sentido de lo que vemos en este nuevo símbolo con forma de rombo, que implica simplemente que todo está comandado por esa relación cuadrática que constituyó desde siempre el fundamento de nuestra articulación del problema y que plantea a S, que dice que no hay S concebible, articulable ni posible sin esa relación ternaria oo', O, S."[291]

El sentido de las flechas de la *segunda fórmula* recuerda también que existe una relación "que no puede ser recorrida hasta el fin partiendo de cada extremo y que, partiendo de cada extremo, se detiene en el punto preciso en que la flecha directriz encuentra una de signo opuesto."[291] Se trata aquí de *la relación del deseo con la palabra a través de la demanda*. El símbolo D representa la *demanda*. El Otro, simbolizado por O, indica el lugar del código, el lugar de la palabra al que el sujeto se refiere en su relación con *otro*, es decir el lugar de la referencia simbólica convocado inevitablemente dentro del proceso de la comunicación. En esa fórmula, d sigue representando al deseo, mientras que s simboliza al *significado*. La expresión s (O) representa

193

aquello que en el Otro toma valor de significado para el sujeto por medio del significante. Es lo que anteriormente designamos como el *signo* o la *marca.* Lacan señala que la identificación con el *ideal del yo* I se produce en relación con estos signos, en esa instancia psíquica que aparece cuando declina el complejo de Edipo y que resulta, no sólo de un proceso de cristalización narcisista, sino también de identificaciones con los padres idealizados como ideales colectivos.[292] En otras palabras, se trata de un modelo ideal hacia el cual tiende el sujeto.

La *tercera fórmula,* por su parte, *expresa directamente la relación del sujeto deseante con el significante.* El símbolo $\triangle$ traduce fundamentalmente *lo que impulsa y obliga al sujeto a mantener una cierta relación con el significante S* en tanto que "su deseo pasa por la demanda, que lo dice y que eso tiene ciertos *efectos*"[293] como lo indica la escritura $\$ \lozenge D$. El símbolo Φ, que representa al *falo,* realiza, por su parte, algo del significante en el Otro (S$\cancel{A}$) en estrecha relación con la relación entre el sujeto y su deseo.

A través de estas tres fórmulas que constituyen la infraestructura de la dinámica del grafo del deseo, Lacan intenta articular, a partir de lo más importante del descubrimiento freudiano sobre el deseo inconsciente, la "relación orgánica del deseo con el significante".[294] Tomemos la relación que le impone al deseo de un sujeto volverse palabra alienándose en una demanda dirigida al Otro. En último caso, el deseo del sujeto se fundamenta a nivel de la palabra del Otro ya que, como lo establece Lacan, la palabra misma del sujeto se fundamenta en la del Otro. Lacan mostró que esta propiedad fundamental del deseo humano se basa en el proceso de las primeras experiencias de satisfacción[295] en donde el niño hace su entrada en el universo del deseo sometiéndolo a una palabra que se rige por los significantes de la palabra del Otro:

> "Para que algo intersubjetivo se establezca, es necesario que el Otro con O mayúscula hable; es necesario porque es de la naturaleza de la palabra ser la palabra del Otro; o tal vez porque es necesario que todo lo que tiene que ver con la manifestación del deseo primario se instale en algún momento en lo que Freud llama la Otra escena, esto es necesario para la satisfacción del hombre, aunque precisamente por ser un ser hablante (...) sus satisfacciones deben pasar por la intermediación de la palabra."[296]

Pero al fundarse en la palabra del Otro, no le queda al deseo del sujeto otra salida que la de ponerse a prueba en la dimensión esencial del deseo del otro, y toma conciencia de la verdadera medida de ésta al darse cuenta de que lleva la marca del significante fálico. Lacan aporta una brillante ilustración en su comentario con respecto a un sueño analizado por Freud,[297] al que se conoce como el sueño de "la bella carnicera".[298]

Freud relata el contenido manifiesto de este sueño en el capítulo IV de *La interpretación de los sueños:*[299] "Quiero hacer una invitación a cenar, pero no tengo más provisiones que un poco de salmón ahumado. Quisiera ir a hacer algunas compras, pero recuerdo que es domingo por la tarde y que todos los negocios están cerrados. Quiero telefonear a algunos proveedores pero el teléfono está descompuesto. Debo entonces renunciar a mi deseo de ofrecer una cena."[300]

La paciente de Freud, que tiene algunos conocimientos sobre la teoría psicoanalítica del sueño, intenta poner a prueba a Freud. Ella espera que él le demuestre cómo se verifica en este sueño la tesis de la realización del deseo, cuando, por el contrario, todo sucede como si este sueño coherente y racional tendiera a poner en evidencia que el deseo no se realiza.

Sin embargo Freud no duda al brindar la siguiente explicación: "El marido de mi paciente es carnicero. Es un buen hombre muy activo. Unos días antes le había dicho que estaba engordando demasiado. Ella querría hacer un tratamiento para adelgazar, levantarse temprano y no aceptar más invitaciones a cenar. Le cuenta, riendo, que su marido solía ir a un restaurant donde conoció a un pintor que quería hacer su retrato porque nunca había encontrado una cara tan expresiva. Pero su marido había respondido con su habitual rudeza que le agradecía profundamente, pero que estaba seguro de que el pintor prefería un pedazo del trasero de una bella muchacha a toda su cara."[301]

Freud prosigue su comentario de la siguiente manera: "Mi paciente está actualmente muy enamorada de su marido y lo hace rabiar sin cesar. Además le pidió que no le dé caviar. ¿Qué quiere decir esto?

"En realidad ella desea desde hace tiempo comer todas las tardes un sandwich de caviar, pero no se otorga el permiso. Naturalmente, ella podría tener su caviar inmediatamente con sólo pedírselo a su marido; en cambio, le ha pedido que no se lo dé, para poder molestarlo más tiempo con eso."[302]

En este punto de su análisis, Freud introduce un paréntesis muy instructivo: "Me parecen rebuscadas esas informaciones insuficientes que generalmente esconden motivos que no se expresan. Pensemos en la manera en que los hipnotizados de Bernheim, al realizar una misión post-hipnótica, explicaban la razón: lo hacían con un motivo evidentemente insuficiente y respondían: 'no sé por qué lo hice'. El caviar sería un motivo de este tipo. Quiero señalar que ella se ve obligada a crearse un deseo insatisfecho. Su sueño le muestra esa dilación, esa postergación de su deseo, ese alejamiento de su deseo como algo realmente realizado. Pero ¿por qué necesitaba un deseo insatisfecho?"[303]

Una vez cerrado este paréntesis, Freud continúa su análisis en estos términos: "Lo que se le ocurrió hasta ahora no sirvió para interpretar el sueño. Al cabo de un momento insisto, como corresponde cuando hay que superar una resistencia. Ella me dice que ayer visitó a una de sus amigas. Está muy celosa de ella porque su marido siempre la halaga. Por suerte su amiga es muy flaca y a su marido le gustan las formas redondeadas. ¿De qué hablaba esta persona delgada? Naturalmente de su deseo de engordar. Además le ha preguntado: '¿Cuándo nos invitarán de nuevo? Se come tan bien en su casa.' Ahora el sentido del sueño está claro. Puedo decirle a mi paciente: Es exactamente como si usted le hubiera respondido mentalmente: '¡Sí, te voy a invitar para que comas bien, que engordes y que le gustes aun más a mi marido! Prefiero no ofrecer más cenas en mi vida.' El sueño nos dice que usted no podrá ofrecer una cena y realiza así el deseo de no contribuir para que su amiga se vea más bella, y la resolución de no aceptar más cenas porque le han dicho que eso la hace engordar. Sólo falta algo para confirmar la solución.

"Todavía no se sabe a qué responde el salmón ahumado en el sueño. ¿Por qué evoca usted el salmón ahumado en el sueño? Es el plato preferido de mi amiga, explica. Casualmente yo también conozco a esa mujer, que tiene con respecto al salmón ahumado la misma conducta que mi paciente hacia el caviar."[304]

Freud concluye con una observación esencial con respecto a la identificación: "Ella se identificó con su amiga. Como signo de esta identificación, es decir, a pesar de haberse identificado con la otra, ella se otorgó en la vida real un deseo no realizado."[305]

Este sueño relatado por Freud en *La interpretación de los sueños* representa una ilustración ejemplar de la dialéctica del deseo y la demanda, y también de esa dialéctica verdaderamente estereotipada que se opera en la problemática histérica, ya que el análisis de Freud presiente aquí, de manera irrecusable, el mecanismo que posteriormente denominará *identificación histérica*.[306]

De hecho, en el contexto que subyace con este sueño, la bella carnicera se identifica en la amiga de la que está celosa. Ahora bien, esta identificación se produce según la manera descrita por Freud cuando "cierta comunidad con una persona que no es el objeto de pulsiones sexuales"[307] es percibida y en la que "en ausencia de toda catexia sexual por parte del otro, el sujeto puede sin embargo identificarse con aquél en la medida en que tienen un elemento en común (por ejemplo, deseo de ser amado)".[308]

Más allá de este proceso identificatorio, examinemos cómo se negocia en este ejemplo lo que está en juego en cuanto al deseo de la bella carnicera. Todo sucede como si la paciente de Freud sólo se movilizara, en definitiva, para crearse un *deseo insatisfecho*:

> "Sigamos el pensamiento de Freud, con los rodeos que nos impone, sin olvidar que él mismo los deploraba, comparándolo con un discurso científico ideal, cuando explicaba que quien lo forzaba era su objeto.
>
> "Vemos que ese objeto es idéntico a esos rodeos, ya que en el primer viraje de su obra él desemboca, rozando el sueño de una histérica, en el hecho de que se satisface por desplazamiento, precisamente aquí por alusión al deseo de otra, un deseo de la víspera, que se sostiene en su posición destacada por un deseo que es de otro orden, puesto que Freud lo ordena como el deseo de tener un deseo insatisfecho."[309]

¿Cuál puede ser la función acordada a ese deseo de tener un deseo insatisfecho? Una realización de deseo de este tipo no hace más que confirmar el sometimiento más fundamental del sujeto al orden de su deseo a través del apoyo de la demanda. La paciente de Freud, independientemente de su sueño, está muy enamorada de su marido y el objeto de su demanda es ante todo el *amor*. Desde ese punto de vista, los histéricos no difieren en nada del resto de los sujetos, salvo, como señala Lacan, que en los histéricos suele ser "un problema un poco más molesto que en los demás".[310] La bella carnicera desea ante todo que su marido desee no darle caviar. En otros términos, para encontrar una solución de amor que la satisfaga es necesario que antes desee otra cosa (el caviar) y luego hacer que no le otorguen esa otra cosa, de manera que lo que ella quiere es que él no le dé caviar para poder seguir amándose intensamente, es decir, haciéndose rabiar, molestándose continuamente."[311]

Esta estrategia deseante es muy rica en enseñanzas. Todo parece organizarse para el sujeto con el fin de crearse un deseo insatisfecho dentro de su relación con otro excluido de antemano de la posibilidad de una satisfacción recíproca de la demanda. En esas condiciones todo parece orquestado para que el deseo del sujeto tienda a constituirse completamente por y en el deseo del otro:

> "El sujeto histérico se constituye casi totalmente a partir del deseo del otro. El deseo del sujeto, en este caso, es también el deseo preferido del otro, e incluso es lo único que le queda en el momento en que no podrá dar una cena. Sólo le queda salmón ahumado, es decir, lo que le indica a la vez el deseo del otro y lo que le indica que puede encontrar satisfacción pero sólo para el otro."[312]

El sueño de "la bella carnicera" sólo fue mencionado para introducir el principio de la conjugación del deseo con el significante por intermedio de la demanda y cuyo ejemplo más claro es la estructura histérica.

En un sentido más amplio, hay que retomar el tema a nivel de la manifestación de la necesidad cuya única salida es hacerse demanda dirigida al otro. En esta demanda dirigida al otro se constituye, más allá del objeto de la necesidad propiamente dicho, una "secuela de la demanda"[313] en la que podemos identificar el deseo del sujeto a través de lo que se le significa al otro. En efecto, la relación del sujeto con el otro reposa fundamentalmente en la incidencia de la función fálica, ya que el falo es el significante que marca lo que el otro desea. De allí surge esa consecuencia esencial expresada por Lacan: "Es precisamente en la medida en que el otro está marcado por el significante, que el sujeto debe, que no puede más que reconocer por intermedio de ese otro que él también, al fin y al cabo, está marcado por el significante. Es decir que siempre queda algo, más allá de lo que puede satisfacerse por intermedio de ese significante, es decir por la demanda."[314] Concluye entonces Lacan: *"En la medida en que el deseo del otro está borrado el sujeto podrá reconocer su deseo borrado, su propio deseo insatisfecho."*[315] El deseo genital encarna en forma manifiesta la categoría de un deseo de esa índole marcado por el significante fálico, dicho de otro modo, tachado por la marca de la castración. La función del significante "falo" suscribe la exigencia de disimular lo que el otro desea como algo marcado por el orden significante, es decir, como algo borrado. En esta especificación significante reside el proceso de la conjugación del deseo con el significante. Ahora, basta con integrar este principio en el montaje del grafo del deseo para elucidar, en el sujeto hablante, la interrelación irreductible del deseo, del significante y del inconsciente.

25.

La "generación" del grafo

El montaje del grafo del deseo hace intervenir diferentes etapas constitutivas. Sin embargo estas etapas no representan en absoluto momentos sucesivos que podrían sugerir la idea de un desarrollo genético. Muy por el contrario, Lacan insiste en invalidar cualquier idea de génesis. Como mucho, podría tratarse de una *generación* en la que algo del sujeto se actualiza en la *anterioridad lógica* de un momento con relación al que le sigue.[316] Estos diferentes momentos lógicos están metaforizados en tres esquemas que constituyen los principales *"pisos" sucesivos que* intervienen en el montaje del grafo.

El primer "piso" del grafo configura la relación del sujeto con el significante.

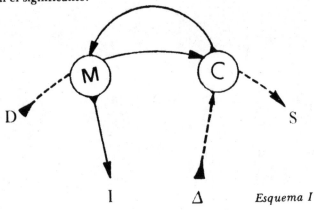

Esquema I

En la realidad del lenguaje, semejante relación supone que algo se desarrolla en el tiempo, ya que toda manifestación del lenguaje se organiza según una *sucesión diacrónica*.

Sobre el esquema I, el vector DS representa esta sucesión diacrónica que no es otra cosa que la cadena significante. Pero como, por otra parte, todo hecho de lenguaje implica que seamos capaces de producir sentido, hay que suponer también la intervención de un proceso de segmentación dentro de la cadena significante que producirá el sentido esperado al suscribir una cierta *sincronía de los significantes*. Esta necesidad proviene del hecho de que un significante sólo obtiene su valor en oposición con todos los otros significantes, en otras palabras, la producción de una significación sólo se efectúa gracias a un efecto retroactivo de los significantes sobre sus antecedentes en la cadena. De allí la presencia, en el esquema I, de un segundo vector, *el vector* $\overrightarrow{\Delta I}$, que produce un corte retrospectivo en la cadena $\overrightarrow{DS}$, cuya significación se encontró anteriormente bajo la denominación de *puntada*. Sin embargo, en el esquema I la simbolización con respecto a la puntada es diferente de la indicada hasta ahora. El símbolo D evoca la *demanda* que se articula únicamente al nivel de la cadena significante.

El efecto de significación resulta de cierta intencionalidad del sujeto que se manifestará en su estado más arcaico bajo la forma del estado de necesidad. La *necesidad* como punto de origen de esta *cadena intencional* se localiza en el esquema I con el símbolo Δ. El sujeto entra en el juego de la cadena significante $\overrightarrow{DS}$ a partir de una intención originada en el lugar de la necesidad Δ que operará algo sobre esta cadena. Esta operación está determinada por los dos cortes del vector ΔI sobre $\overrightarrow{DS}$: C y M a los que ya hemos identificado como los lugares respectivos del *código* y del *mensaje*. La intención del sujeto surgida de la necesidad debe pasar previamente por el lugar del código que es el que rige para él el acceso a la satisfacción que busca su necesidad:

> "A pesar de que el niño se dirige a un sujeto al que sabe hablante, al que ha visto hablar (...) el sujeto aprende muy pronto que ese es un defiladero al que deben adaptarse las manifestaciones de sus necesidades para ser satisfechas."[317]

En otros términos, el lugar C será el que imponga prioritariamente a la necesidad una estrucctura que codifique la manera en que podrá operar sobre la cadena significante $\overrightarrow{DS}$.

En el punto M encontramos el lugar en que la significación se afina y a la vez se acaba en el juego retroactivo de los significantes. El mensaje recién toma forma *a posteriori*, en función de la anterioridad de las especificaciones del código. En estas condiciones, el lugar del código se sitúa exactamente en el lugar del Otro,[318] y primitivamente en ese Otro real de la primera dependencia del niño, que es la madre.

Esta primera etapa de la generación del grafo puede resumirse en los siguientes puntos principales. El sujeto que busca la satisfacción de una necesidad a partir de su estado no formulado Δ, emprende su camino a través del desfiladero de la demanda. Al cabo de este camino llega en el otro extremo de la cadena intencional a la *realización de un ideal*[319] simbolizado en el esquema I por la letra I. En efecto, se constituye en ese punto de la identificación más primaria del sujeto como una *primera marca* (*seing*, Lacan) de lo que recibió en su relación con el otro. En otros términos, ese punto de llegada, que ilustra la huella dejada por la demanda sobre la necesidad, da prueba de la aprehensión arcaica del lenguaje por parte del sujeto. El trazado del esquema I intenta mostrar esta aprehensión. La significación que surge, inducida por el carácter de la necesidad que debe forzosamente volverse demanda para buscar su satisfacción, encuentra su unificación gracias al circuito $\overrightarrow{MC}/\overrightarrow{CM}$ que participa en la actualización del mensaje. Este circuito se distingue por su carácter de unidad (*trazo entero*) de la discontinuidad significante (*trazos interrumpidos* $\overrightarrow{DM}$ y $\overrightarrow{CS}$) y del estado aún no formulado de la necesidad (*trazo interrumpido* $\overrightarrow{\Delta C}$).

Pero esta aprehensión del lenguaje, al ser también una experiencia en la que se funda la aprehensión del sujeto hacia el otro como tal, constituye su primer encuentro con el deseo que es ante todo el deseo del otro. Así abordamos la segunda etapa de la generación del grafo simbolizada por el esquema II.

El otro que puede aportar una respuesta al llamado del sujeto se encuentra, a causa de este mismo llamado, interpelado por el sujeto bajo la forma de esta pregunta: *"Che vuoi?"* formu-

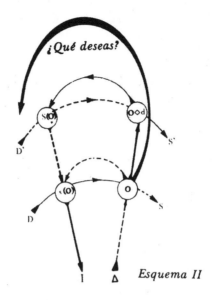

Esquema II

lación del "¿Qué deseas?" que Lacan toma de la novela de Cazotte *El diablo enamorado*.[320] Este llamado, en tanto que "toma de la demanda sobre la necesidad"[321] estructurará a través de esta interrogación fundamental el deseo como deseo del deseo del otro. De hecho, la respuesta del otro es lo que demostrará, al regresar al sujeto, que la sucesión de significantes que articula en su demanda no constituye una proposición enigmática a la espera de una confirmación, sino, por el contrario, que la elección de significantes que moviliza vehicula una significación. El sentido de la demanda queda en manos de la "buena voluntad del otro" que acordará, por la propia naturaleza de su respuesta, determinada significación en lugar de otra a la concatenación significante de la llamada. Depende entonces de la "buena voluntad" del otro el gobernar a nivel del principio de conmutatividad los significantes de la demanda. En efecto, los significantes de la demanda abren al otro la posibilidad de una selección conmutativa y por lo tanto el sentido de la demanda será emitido, en última instancia, por la selección conmutativa de los significantes conservada y en consecuencia deseada por el otro y que mostrará el sentido de su respuesta. El otro *fija* de este modo la significación de la demanda escribiendo una línea de los significados bajo los significantes del llamado del sujeto. En este sentido la demanda dirigida al otro se apoya en un "¿qué deseas?" desde el momento en que termina con una respuesta en la que el sujeto experimenta el deseo del otro:

> "La pregunta planteada al otro sobre lo que desea, en otras palabras de dónde el sujeto tiene el primer encuentro con el deseo, el deseo que es al principio deseo del otro, el deseo gracias al cual percibe que realiza, siendo ese más allá alrededor del cual gira eso que el otro hará, que un significante u otro esté o no presente en la palabra; que el otro le da la experiencia de su deseo al mismo tiempo que una experiencia esencial, ya que hasta ahora la batería de significantes dentro de la que podía hacer una selección estaba en sí mismo; pero ahora esta selección aparece como conmutativa dentro de la experiencia, y está al alcance del otro hacer que uno u otro de los significantes esté allí, que se introduzcan en la experiencia, y a ese nivel de la experiencia los dos nuevos principios que se agregan a lo que en principio era una simple sucesión que implicaba ese principio de selección. Ahora tenemos un principio de sustitución ya que —esto es esencial— a partir de esta conmutatividad se establece para el sujeto lo que llamo, entre el significante y el significado, la barra, es decir que entre el significante y el significado hay una coexistencia, una simultaneidad que está al mismo tiempo marcada por una cierta impenetrabilidad; estoy hablando de la distancia que se mantiene entre el significante y el significado: $\frac{S}{S}$."[322]

El *principio de conmutatividad* es ante todo el principio de selección capaz de hacer advenir un significante y no otro a la articulación de la secuencia significante de la demanda. Como tal, es *productor de efectos metafóricos* puesto que reposa fundamentalmente sobre la propiedad de sustitución de un significante por otro. La selección conmutativa de los significantes operada por el otro a nivel de la demanda del sujeto, se mantiene isomorfo con respecto al hecho de que la enunciación se superpone y al mismo tiempo se distingue de la fórmula del enunciado a causa de la *toma* del sujeto en su discurso. Así por ejemplo la articulación de la imagen acústica *tymoe R* convoca necesariamente la *toma* del deseo del sujeto dentro del discurso, para que sean libradas de esta concatenación fonemática ya sea el significante asociado a la idea de una excrecencia orgánica (tumor), ya sea el significante asociado a la idea de un acontecimiento trágico (tú mueres)*. De esta "toma" depende también la posibilidad de que aparezca el deseo inconsciente del sujeto dentro de la articulación de su propia palabra.

En el esquema II, el símbolo s (O) situado en el lugar del mensaje (M en el esquema I) representa *lo que es significado del Otro*, es decir, el mensaje de la demanda tal como el Otro emite el sentido en función de la selección significante operada por su deseo. De manera que del punto △ al punto s (O) el sujeto sólo está presente como simple soporte de la palabra. La demanda sigue estando implícita hasta el momento en que lo que es significado del Otro fija el mensaje; esta incidencia figura en el esquema II a través de la representación de la cadena intencional en trazos interrumpidos desde el punto △ hasta s (O).

El vector D'S' introduce en el esquema II un segundo "piso" que duplica simétricamente la estructura del primero al introducir la dimensión del inconsciente. Se trata de mostrar aquí que una demanda puede persistir en el sujeto dentro de una escansión articulada, sin que la sostenga ninguna intención consciente. En otros términos, *el inconsciente es el discurso del Otro*, o incluso, *el inconsciente está estructurado como un lenguaje* (Lacan) significa que el inconsciente hace subsistir el discurso del Otro dentro del discurso del Sujeto. En ese esquema el vector DS está representado con trazo entero hasta el lugar del código O, para materializar la sucesión discreta de los elementos significantes que intervienen en la organización del enunciado, que surge a su vez de una sucesión de unidades de significación regidas por la exigencia racional del sujeto. Por el contrario, la cadena simétrica D'S' está representada en trazos interrumpidos hasta el punto O ◇ d, para metaforizar la cadena significante inconsciente.

El encuentro de la demanda del sujeto con esa cadena significante inconsciente se produce en el punto O ◇ d y designa también lo que el sujeto no sabe, porque justamente allí experimenta su deseo con respecto al deseo del Otro. Queda claro entonces que *el deseo se separa forzosamente de la necesidad* (como lo demuestra la estructura simétrica del "piso" superior) al interrogar sobre el deseo del Otro en el punto de intersección O ◇ d.

A partir de la intencionalidad de la necesidad, la demanda convoca al otro en el lugar del Otro (O), que es además el lugar

---

* En el original *tumeur, tu meurs* (N. del T.)

del código en el que el mensaje de la demanda adquirirá sentido S (O) . Pero más allá de toda satisfacción de la necesidad, la demanda también se constituye como llamado al Otro ("*¿Che vuoi?*") y en ese *más allá de la demanda del lado del deseo del Otro*, precisa Lacan, *se constituye el deseo propio del sujeto* O ◊ d ·

> "El deseo, desde su aparición, su origen, se manifiesta en ese intervalo, esa apertura que separa la articulación pura y simple, de la palabra en el lenguaje de aquello que marca que el sujeto realiza algo de sí mismo que tiene alcance, o sentido, sólo con respecto a esa emisión de la palabra y que es precisamente lo que el lenguaje llama su ser.
>
> "Entre los avatares de la demanda y lo que estos avatares hicieron de ella y, por otro lado, esa exigencia de reconocimiento por parte del otro que podría llamarse exigencia de amor, se encuentra para el sujeto un horizonte de ser y se trata de saber si el sujeto puede o no alcanzarlo. En este intervalo, en esta abertura se encuentra una experiencia que es la del deseo, que es aprehendida en principio como la del deseo del otro y en el interior de la cual el sujeto debe situar su propio deseo. Su propio deseo como tal no puede situarse en otro lugar que no sea ese espacio."[323]

El deseo del sujeto se identifica en primer lugar con los imperativos del deseo del Otro que le otorga todo el alcance significante a la demanda del sujeto, por medio del retorno del *significante dado por el Otro* S (O)[324] en el lugar del mensaje. La distancia entre S (O) y s (O), materializada en el esquema II por el vector en trazos interrumpidos $\overline{S(O)s(O)}$, expresa la posibilidad de conmutación de los significantes, es decir por ejemplo la aparición de las sustituciones metafóricas. Si el lugar de s (O) fue identificado anteriormente en la primera presentación del grafo[325] como el lugar de la metáfora, es porque en ese punto el significante dado por el Otro S (O) regido por O ◊ d, puede efectivamente reemplazar al significante del mensaje codificado por O. El significante de la demanda inconsciente $(\overline{D'S'})$ puede chocar en el lugar de la metáfora al significante de la demanda consciente $(\overline{DS})$ regido por la intencionalidad de la necesidad. La intrusión significante de S (O), vinculada con s (O) puede producir así una creación de sentido. En consecuencia encontramos el algoritmo saussuriano de la relación del significante con el significado, en donde la *barra* de la significación está encarnada por la distancia que separa al discurso del Otro como instancia del inconsciente del discurso concretamente modulado por la intención del sujeto. El hecho de *franquear la barra*, que como vimos constituía el principio mismo del mecanismo metafórico,[326] está configurado por el vector $\overrightarrow{S\ (O)}$ s (O). De una manera general, esta segunda etapa de la generación del grafo del deseo pone en evidencia la supremacía del discurso del Otro sobre la intencionalidad surgida de la necesidad. De hecho, si el discurso del Otro subvierte el discurso concretamente articulado por la intencionalidad del sujeto es porque *el deseo inconsciente sólo adviene organizándose en la retroacción de la demanda sobre la necesidad.* Así podemos ver de qué modo un enunciado como *"Mais tu maries Thérèse demain!"* puede llevar a cierto tipo de mensaje en s (O) según la intencionalidad consciente, pero también puede emitir, en función del discurso del Otro, una verdad absolutamente diferente en lugar del mensaje: *"Mai tue (le) mari (de) Thérèse demain!".* Es decir, una verdad determinada por el deseo inconsciente del sujeto en O ◊ d que va a promover otra escansión significante S (O) capaz de hacer llegar a s (O) una significación ajena a la del mensaje proyectado intencionalmente.

El *"Che vuoi?"* inaugura el problema fundamental que el sujeto encuentra con respecto a la realización de su deseo. Pero al apoyarse en ese "¿qué deseas?" el proceso de una realización semejante del deseo deja al sujeto, en principio, sin recursos, tan "opaca y oscura" (Lacan) le resulta la presencia primitiva del deseo del Otro. Esta opacidad sabiamente metaforizada en el esquema II por el perfil del *"Che vuoi?"* con signo de interrogación,[327] inevitablemente convoca al sujeto al orden de una *soledad angustiante* en su relación con el deseo del otro; angustia que intentará neutralizar por intemedio de la dimensión imaginaria de la relación de su yo con el otro, tal como lo ilustra el esquema III.

El esquema III integra en su estructura las referencias imaginarias a través de las cuales se identifica el sujeto.

La tercera etapa de la generación del grafo completa las dos precedentes al situar la función del deseo, no sólo en relación con el inconsciente sino también con respecto a la relación que el sujeto hablante mantiene con el significante. No hay que olvidar, como señala Lacan, que los "pisos" del grafo "funcionan simultáneamente en el mínimo acto de palabra"[328] lo que supone que siempre algo pasa *al mismo tiempo* en los cuatro puntos siguientes:

— Δ : intención del sujeto

- O : sujeto en tanto que "yo" (je) hablante
- D : acto de la demanda
- d : deseo

Este principio de funcionamiento del grafo está completamente predeterminado por la relación originaria del sujeto con el registro de la demanda:

> "El sujeto, en el contexto de la demanda, es el primer estado, si se puede decir, amorfo de nuestro sujeto, de aquel cuyas condiciones de existencia intentamos articular con este grafo. Este sujeto no es otra cosa que el sujeto de la necesidad ya que eso es lo que expresa en su demanda. Mi punto de partida consiste en mostrar cómo esta demanda del sujeto es, al mismo tiempo, profundamente modificada por el hecho de que la necesidad debe pasar por el desfiladero del significante."[329]

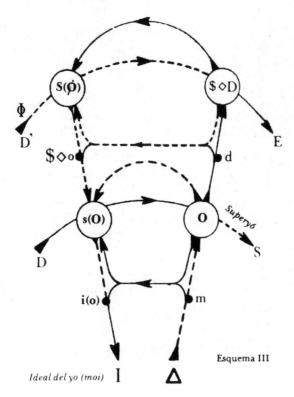

Esquema III

208

La "posición primitiva insconstituida del sujeto de la necesidad"[330] debe soportar las condiciones impuestas por el significante. Esta coyuntura ya está especificada en el esquema III, al nivel mismo del grafismo. El vector de la demanda $\overrightarrow{DS}$ está en trazo entero de D a O mientras que a la inversa el vector intencional está en trazo interrumpido de Δ a s (o).

Examinemos ahora la significación de los cuatro elementos nuevos introducidos en el esquema III. m, i (O), d, $ ◊ o. Estos cuatro elementos están dispuestos simétricamente de dos en dos sobre el grafo. En primer lugar son simétricos de dos en dos sobre el vector $\overrightarrow{\Delta I}$: m y d son simétricos con respecto a O; i (O) y $ ◊ son simétricos con respecto a s (O). Pero también son simétricos entre ellos a lo largo de los vectores nuevos que constituyen "descansos" entre cada piso: d → $ ◊ o; m → i (o).

Hay que considerar al segundo piso del grafo como el lugar del Inconsciente para el sujeto que habla. Eso explica también por qué el segundo piso es la estricta reproducción homóloga del primero. En este sentido aparece con toda claridad que *el discurso del Otro funciona como inconsciente del sujeto.* Un breve retorno al *estadio del espejo*[331] permite explicar la introducción de m y de i (o) en el piso inferior del esquema III. En la experiencia del espejo el sujeto se identifica a partir de una imagen en la medida en que el yo (m) se constituye a partir de una identificación con otro imaginario [i (o)] que es su propia imagen. Esta identificación imaginaria participa en la identificación primaria del sujeto.[331] Ahora bien, esta identificación primaria sólo se instituye en el seno de una dependencia con el otro, con la madre. Una prueba de esto sería el rol de la mirada del Otro (la madre) como sostén en la instalación de ese proceso de identificación. La identificación primaria se insinúa en una relación a las necesidades y, en consecuencia, a las demandas que esas necesidades convocan. De acuerdo con esto m y su correlativo i (o) se sitúan en la cadena intencional ΔI.

En el esquema III, a nivel de este primer piso, se puede distinguir también un "camino de retorno" a partir de O que constituye el circuito O, m, i (o), s (O). Es el circuito cuyo funcionamiento fue examinado anteriormente con el ejemplo del mecanismo de la formación del chiste.[332] Por otra parte, ese circuito O, m, i (o), s (O) es, en cierto modo un circuito retrospectivo con respecto al circuito Δ , O, s (O), I, en la medida en que parece funcionar en sentido contrario a la identificación primaria I. Por esta razón está representado por un trazo interrumpido entre s (O) e i (o). En cambio, la línea entera i (o) → I simboliza el efecto de influencia secundaria del yo ideal sobre esta identificación primaria, lo que contribuye a elevar la identificación primaria a la función del *ideal del yo*.[332] Con esta función la dimensión del *superyó* es introducida como el principal instrumento represor al servicio de este ideal, al hacer pasar al inconsciente ese discurso en el que podemos identificar su rasgo característico bajo la forma del imperativo categórico. Por esta razón el superyó está simbolizado en el grafo con un vector de trazos interrumpidos. el vector $\overrightarrow{OS}$.

El piso superior del grafo que tiene una estructura homóloga al inferior se articula con este último a través de una *relación de ocultación*. Esta ocultación es aún más manifiesta puesto que el lugar del proceso inconsciente se sitúa en el piso superior y está representada en el grafo por medio de una oposición, de vector a vector, de trazos enteros y trazos interrumpidos.

En este piso superior, el *deseo d* se localiza en determinado punto del trayecto, entre O y $ ◊ D. Por otra parte se opone simétricamente a la *fantasía* $ ◊ o, del otro lado de la cadena intencional. La simbolización del vector d → $ ◊ o permite suponer además que existe cierto modo de articulación entre el deseo y la fantasía que Lacan interroga magistralmente de la siguiente manera:

"¿Qué se quiere decir cuando se le dice a una mujer 'Yo la deseo'? (...) ¿Quiere decir: estoy dispuesto a reconocer a su ser iguales o más derechos que al mío; a prevenir todas sus necesidades; a pensar en su satisfacción? Señor, que vuestra voluntad se haga antes que la mía. ¿Esto quiere decir?"[333]

La conclusión de Lacan es que nadie se equivoque sobre el sentido de este *"Yo la deseo"*, que siempre incluye la continuación implícita de: *"acostarme con usted"*. Pero de todos modos — y esto es lo que tiene de compleja esta fórmula — el "yo la deseo" se dirige siempre a un objeto, más allá de "aquello hacia lo cual, por convención, se ordena su fin preciso".[334] La experiencia muestra, por otra parte, que el advenimiento de tal fin no tolera de ningún modo, con posterioridad, la comparación con lo que se encontraba supuesto o presentado en el "yo la deseo" inicial. En efecto, el objeto de ese "yo la deseo" no es otra cosa que "eso alrededor de lo cual se fijan, se condensan todas esas imágenes enigmáticas cuyo flujo se denomina, para mí, mi deseo. Yo la deseo porque usted es el objeto de mi deseo, en otras palabras: Usted es el común denominador de mis deseos y sólo Dios sabe lo que moviliza consigo el deseo".335

En síntesis, la *estructura de la fantasía* está convocada como aquello que mediatiza la relación del sujeto con el objeto de su deseo, de tal manera que dirigirle a otro un "yo la deseo" será siempre formularle: *Yo la implico a usted en mi fantasía fundamental.*336 El deseo se relaciona con la fantasía así como el yo (m) se relaciona con sus objetos [i (o)]. El punto en que se inscribe la fantasía sobre el grafo en su relación con el deseo se encuentra en un circuito *punteado* que metaforiza el *lugar del insconciente en donde lo reprimido gira en redondo.*337

¿Qué sucede entonces con el deseo de un sujeto que habla? Es fácil comprender que lo que especifica lo propio de esta circunstancia es que el deseo se le escapa como tal. El deseo sólo será localizable en la cadena significante si se descubre su sentido, ya que sobre esa cadena significante $\overline{D'E}$, el código (8 ◊ D) y el mensaje [S (Ø)] son desconocidos para el sujeto que habla. Dicho de otro modo, sólo una *reconstitución interpretativa* de esta cadena significante que se articula en el inconsciente podrá hacer aparecer ese sentido:

> "La situación del sujeto al nivel del inconsciente tal como la articula Freud, es que no sabe con qué habla; es necesario revelarle los elementos estrictamente significantes de su discurso.(...) En otras palabras, no sabe el mensaje que le llega de la respuesta a su demanda en el campo de lo que quiere."338

La reconstitución interpretativa es lo que va a determinar, en el punto del código, *la relación fundamental que el sujeto mantiene con su demanda:* 8 ◊ D dada la incidencia del deseo. En el punto del mensaje, en cambio, la reconstrucción interpretativa hará aparecer *una falta de significante en el Otro:* S (Ø) a través de la cual el sujeto experimentará su falta de ser. Alrededor de ese S (Ø) el *falo* Φ toma su fúnción de significante. El significante fálico es en efecto el significante "que está especialmente afectado para designar precisamente las relaciones del sujeto con el significante"339 en la medida en que es él quien inaugura esta incidencia encontrada anteriormente: un significante es lo que representa un sujeto para otro significante.340

"¿Sabe el sujeto lo que hace al hablar? (...) Freud respondió a esta pregunta con un: no."341

En este sentido, el grafo de Lacan realiza una síntesis notable de las articulaciones que no solamente fundan esencialmente esta pregunta, sino que además justifican el carácter irrecusable de la respuesta aportada por Freud. Como última prueba citemos este resumen que incluye las principales etapas:

> "El sujeto se revela, con respecto a lo que en el lenguaje está velado, como dueño de cierta familiaridad, completamiento, plenitud en el manejo del lenguaje que sugiere ¿qué? Justamente algo con lo que quiero terminar, porque es lo que faltaba a todo lo que dije en el desarrollo en tres etapas, para que aquí el motor, el relieve de lo que quiero articular esté completo.
>
> "A nivel del primer esquema tenemos la imagen inocente. Es inconsciente, por supuesto, pero es una inconsciencia que todo lo que pide es pasar al saber (...)
>
> "A nivel de la segunda y tercera etapas del esquema, les dije que teníamos un uso mucho más consciente del saber; quiero decir que el sujeto sabe hablar y sabe que habla. Es lo que hace cuando llama al Otro, y sin embargo es precisamente allí en donde se encuentra la originalidad del campo descubierto por Freud y al que denominó *inconsciente. Es decir, eso que siempre pone al sujeto a cierta distancia de su ser, y que hace, justamente, que ese ser no lo alcance jamás; por eso es que no puede hacer otra cosa más que alcanzar su ser en esta metonimia del ser dentro del sujeto que es el deseo.*
>
> "Y ¿por qué? Porque al nivel en que está comprometido el sujeto, habiendo penetrado él mismo en el habla, y por lo tanto en la relación con el Otro como tal, como lugar de la palabra, *siempre hay un significante que falta. ¿Por qué? Porque es un significante, y el significante está especialmente delegado para la relación del sujeto con el significante. Ese significante tiene un nombre: el falo.*
>
> *"El deseo es la metonimia del ser dentro del sujeto; el falo es la metonimia del sujeto dentro del ser.* El falo, en la medida en que es *el elemento significante sustraído a la cadena de la palabra,* y en tanto que ésta emprende toda relación con el otro, allí está el principio límite que hace que el sujeto, a pesar de estar implicado en la palabra, caiga bajo el peso de lo que se desarrolla en todas sus consecuencias clínicas bajo el término complejo de castración."[342]

Así, al término de esta generación del grafo se termina el despliegue de un proceso intrapsíquico que corresponde al sujeto hablante dentro del campo freudiano. Dentro de la herencia de Freud, Lacan articuló la interrelación entre el deseo, el significante y el inconsciente, cuya incidencia constituye la piedra angular de la esencia de la experiencia psicoanalítica.

NOTAS

1. En el marco del *Centre de formation et de recherches psychcnalytiques*.

2. Se puede recapitular sobre el conjunto de las publicaciones de la obra de Lacan y de sus "inéditos" remitiéndose a mi *Bibliographie des travaux de Jacques Lacan* (París, Inter-Editions, 1984). La enseñanza recopilada en esta *Introducción a la lectura de Lacan* se basa, a menudo, en desarrollos teóricos elaborados en algunos seminarios inéditos de Lacan. Todas esas referencias deben remitirse a *las versiones transcritas de las notas tomadas en el transcurso del mismo seminario o a la transcripción de los documentos taquigráficos*. Existe una gran controversia con respecto a la "fidelidad" de estas transcripciones de diversos orígenes y profundamente desiguales. Una de estas, llamada "versión de la secretaría" porque se *supone* que fue aprobada por Lacan, merece más confianza y es a la que recurrí, a la espera de que se establezca el texto en su edición oficial.

3. J. Lacan: "Preface" a la obra de Anika Lemaire: *Jacques Lacan*, Bruselas Pierre Mardaga editor, 2ª edición, 1977, pág. 6.

4. Véase J. Lacan, seminario, libro I, *Les écrits techniques de Freud*, París, Seuil, 1975, pág. 127. "En esencia, la transferencia eficaz de la que se trata es simplemente el acto de habla. Cada vez que un hombre le habla a otro en forma auténtica y plena, hay, estrictamente hablando, una transferencia simbólica, algo sucede que cambia la naturaleza de los dos seres presentes." [Hay una versión castellana: *Los escritos técnicos de Freud*. Barcelona, Paidós, 1981.]

5. J. Lacan, "Fonction et champ de la parole et du langage en Psychanalyse", en *Ecrits*, París, Seuil, 1966, págs. 237-322. [Hay versión castellana: *Escritos I*. México, Siglo XXI, 1970. *Escritos II*, México, Siglo XXI, 1978.]

6. J. Lacan, "Fonction et champ de la parole et du langage en psychanalyse", op. cit., pág. 237.

7. *Ibíd.*, pág. 240.

8. *Ibíd.*, pág. 243.

9. J. Lacan, "La chose freudienne, ou sens du retour a Freud en psychanalyse", en *Ecrits*. París, Seuil, 1966, pág. 405.

10. *Ibíd.*, pág. 414.

11. J. Lacan: "Situation de la psychanalyse en 1956" en *Ecrits*, París, Seuil, 1966, págs. 461 y 466.

12. *Ibíd.*, pág. 467.

13. *Ibíd.*, *op. cit.*, pág. 470.

14. *Ibíd.*, pág. 467.

15. *Ibíd.*, pág. 472.

16. J. Lacan, "L'instance de la lettre dans l'inconscient ou la raison depuis Freud", en *Ecrits*, París, Seuil, 1966, págs. 494-495.

17. S. Freud, *Die Traumdeutung* (1900), G.W., II-III, 1-642, S.E., IV-V, 1-621, citado en la traducción francesa revisada por Denise Berger: *L'Interprétation des rêves*, 2ª edición, París, PUF, 1967. [Hay versión castellana: *La interpretación de los sueños* en *Obras Completas*, Madrid, Biblioteca Nueva, vol. I, 1981], 4ª edición, págs. 231 y sigs.]

18. Véase *L'Interprétation des rêves*, op. cit., págs. 94 - 95.

19. *Ibíd.*, *op. cit.*, pág. 98 y sigs.

20. *L'Interprétation des rêves*, op. cit., cap. VI. págs. 241 - 432.

21. *Ibíd.*, págs. 242 - 267.

22. *Ibíd.*, pág. 244 y sigs.

23. *Ibíd.*, pág. 254.

24. *Ibíd.*, págs. 255 - 256.

25. *Ibíd.*, pág. 257.

26. S. Freud, "Aus der Geschichte einer infantilen Neurose (1918)", G.W., XII, 29 - 157, S.E. XVII, 1-122, trad. M. Bonaparte. "Extrait de l'histoire d'une névrose infantile", (L'homme aux Loups) en *Cinq psychanalyses*, París, PUF, 7ª edición, 1975, págs. 325 - 420. [Hay versión castellana: "Historia de una neurosis infantil (El hombre de los lobos)" en *Op. cit.*, vol. I, págs. 785 y sigs.]

27. S. Freud, *L'interprétation des rêves, op. cit.*, págs. 265-266, véase también cap. VI, págs. 263-267.

28. Con respecto a la lingüística, Lacan precisó en diferentes ocasiones que lo que él hacía no era exactamente lingüística sino *lingüistería*. Sobre este neologismo de Lacan se puede consultar el excelente artículo de N. Kress-Rosen: "Linguistique et antilinguistique chez Lacan", en *Confrontations psychiatriques*, 1981, N° 19, págs. 145-162.

29. J. Piaget, *Le structuralisme* (Que sais-je?), París, PUF, 1970, págs. 6-7. [Hay versión castellana: *El estructuralismo*, Montserrat, Oikos-Tau, 1974.]

30. J. Lacan, "Fonction et champ de la parole et du langage en psychanalyse", en *Ecrits*, París, Seuil, 1966, págs. 267-268.

31. *Ibíd.*, pág. 268 (subrayado por mí).

32. Ella Freeman-Sharpe, *Dream Analysis* (1937), London, The Hogarth Press, 5ª edición, 1961, véase cap. I, págs. 13-39.

Los pasajes más importantes de ese capítulo han sido traducidos con el título: "Mécanismes du rêve et procédés poétiques", en *Nouvelle revue de psychanalyse*, 1972, N° 5, 101-114.

33. F. de Saussure: *Cours de linguistique générale*, citado en la edición crítica, París, Payot, 1980. [Hay versión castellana: *Curso de Lingüística general*, Madrid, AKAL, 1981, 2da. edición.]

34. *Ibíd.*, primera parte: "Principios generales", Cap. I, pág. 98.

35. *Ibíd.*, pág. 112.

36. "Proponemos conservar la palabra signo para designar la totalidad, y reemplazar concepto e imagen acústica respectivamente por significado y significante; estos últimos términos tienen la ventaja de señalar la oposición que los separa, ya sea entre sí, así como también de la totalidad de la que forman parte." *op. cit.* pág. 99.

37. *Ibíd.*, págs. 99 y 162.

38. F. de Saussure: *op. cit.*, pág. 101.

39. S. Freud. "Das Unbewusste" (1915), G.W., X, 264-303, S.E., XIV, 159-215, trad. J. Laplanche y J. B. Pontalis, "L'Inconscient" in *Métapsychologie*, París, Gallimard, 1968, pág. 120 y sigs. [Hay una versión castellana: "Lo inconsciente", en *Op. cit.*, vol. I. págs. 1051 y sigs.

40. F. de Saussure, *op. cit.*, pág. 101.

41. S. Leclaire: "A la recherche des principes d'une psychothérapie des psychoses" en *L'Evolution Psychiatrique*, 1958, tomo 23, N° 2, págs. 337-419.

42. Sobre los problemas clínicos planteados por la estructuración de los signos en los lenguajes delirantes y las glosolalias, remitirse a mi artículo: "Condensation et déplacement dans la structuration des langages délirants", en *Psychanalyse à l'Université*, 1982, tomo 7, N° 26, págs. 281-298. Véase también *Le discours psychanalyque*, N° 6 y N° 7, 1983.

43. F. de Saussure, *op. cit.*, pág. 102.

44. F. de Saussure, *op. cit.*, pág. 108.

45. F. de Saussure, *op. cit.*, pág. 109.

46. R. Jakobson, *Essais de linguistique générale*, París Minuit, 1963. [Hay versión castellana: *Ensayos de lingüística general*, Barcelona, Planeta · Agostini, 1985.]

47. R. Jakobson, *Essais de linguistique générale*, *op. cit.*, págs. 43-67. Véase también: "Towards a linguistic typology of aphasic impairments" en Renck, O'Connor et al., *Disorders of language*, London, Churchil, 1964.

48. R. Jakobson, *Essais de linguistique générale*, París, Minuit, 1963, pág. 61.

49. F. de Saussure, *op. cit.*, pág. 144.

50. Véase *op. cit.*, pág. 146.

51. F. de Saussure, *op. cit.*, pág. 147.

52. F. de Saussure, *op. cit.*, págs. 125-126.

53. *Ibíd.*, pág. 156.

54. *Ibíd.*, pág. 157.

55. F. de Saussure, *op. cit.*, pág. 166.

56. Para el análisis detallado de estas modificaciones remitirse a J.L. Nancy y P. Lacoue-Labarthe; *Le titre de la lettre*, París, ed. Galilée. 1973. caps. 1, 2, 3. [Hay versión castellana: *El título de la letra*, Barcelona / Buenos Aires, Ediciones S.A., 1981.]

57. J. Lacan, *Les psychoses*, seminario, libro III (1955-1956), París, Seuil, 1981, pág. 297. [Hay versión castellana: *Seminario III, La Psicosis*, Barcelona, Paidós, 1983.]

58. Seminarios aún inéditos.

59. J. Lacan, "Subversion du sujet et dialectique du désir", en *Ecrits*, París, Seuil, 1966, págs. 793-827.

60. J. Lacan, *Les psychoses*, op. cit., cap. 21, págs. 293-306.

61. J. Lacan, *Les psychoses*, *op. cit.*, pág. 297. "Hay que dar un paso más para darle a aquello de lo que se trata un sentido verdaderamente utilizable en nuestra experiencia. Saussure intenta definir una correspondencia entre esos dos flujos, que los segmentaria. Pero el solo hecho de que la solución quede abierta, ya que deja problemáticas la locución y la frase entera muestra a la vez el sentido del método y sus límites."

62. J. Lacan, "Subversión du sujet et dialectique du désir", *op. cit.*, pág. 805.

63. Esquema de la *puntada* tal como está representado en "Subversión du sujet et dialectique du désir", *op. cit.*, grafo I, pág. 805.

64. Véase *supra*, pág. 45.

65. J. Lacan, "Subversion du sujet et dialectique du désir", *op. cit.*, pág. 805.

66. J. Lacan, *Les psychoses*, seminario, libro III, (1955-1956), seminario del 2 de mayo de 1956 y 9 de mayo de 1956, *op. cit.*, págs. 243-262.

67. S. Freud, "Remarques psychanalitiques sur l'autobiographie d'un cas de paranoia" (le président Schreber) en *Cinq psychanalyses*, París, PUF, 1975, 7ª ed. págs. 263-324, G.W., VIII, 240-316, S.E., XII, 1-79. [Hay versión castellana: "Observaciones psicoanalíticas sobre un caso de paranoia ('dementia para·noides') autobiográficamente escrito", en *op. cit.*, vol. II, págs. 752 y sigs.]

68. J. Lacan, "La relation d'objet et les structures freudiennes" (1956-1957), seminario aún inédito.

69. J. Lacan, *Les psychoses*, seminario del 2 de mayo de 1956, *op. cit.*, pág. 247.

70. *Ibíd.* pág. 250.

71. J. Lacan, *Les psychoses*, seminario del 2 de mayo de 1956, *op. cit.*, pág. 251.

72. Véase *supra*, pág. 38.

73. J. Lacan, *Le Moi dans la théorie de Freud et dans la technique de la psychanalise* (1954-1955), seminario del 26 de abril de 1955, París, Seuil, 1978, págs. 225-240. Véase también: *Ecrits, op. cit.*, págs. 11-61. [Hay versión castellana: *El yo en la teoría de Freud y en la técnica psicoanalítica*, Barcelona, Paidós, 1983].

74. J. Lacan, "L'Instance de la lettre dans l'inconscient ou la raison depuis Freud", en *Ecrits*, París, Seuil, 1066, pág. 508.

75. J. Lacan, "L'Instance de la lettre dans l'inconscient ou la raison depuis Freud", *op. cit.*, pág. 515 y "Les formations de l'inconscient" (1957-1958, aún inédito), seminario del 6 de noviembre de 1957.

76. J. Lacan, "L'Instance de la lettre dans l'inconscient ou la raison depuis Freud", *op. cit.*, pág. 515.

77. J. Lacan, "D'une question préliminaire a tout traitement possible de la psychose", en *Ecrits*, París, Seuil, 1966, pág. 557.

78. *Ibíd.*, pág. 577.

79. *Ibíd.*, pág. 557.

80. J. Lacan, "Les formations de l'inconscient", *op. cit.*, seminario del 6 de noviembre de 1957.

81. J. Lacan, "L'Instance de la lettre dans l'inconscient ou la raison depuis Freud", *op. cit.*, pág. 515.

* El primer algoritmo es: $\frac{S}{s}$

82. Véase. Ella Freeman Sharpe, *supra*, nota 2, pág. 34.

83. Freud, *L'interprétation des rêves, op. cit.*, ver sobre todo el cap. VI "Le travail du rêve", pág. 242 y sigs. véase también *Le rêve et son interprétation, op, cit.;* caps. IV y V.

84. Véase *supra*, págs. 25-26.

85. S. Freud, *L'Interprétation des rêves, op. cit.*, pág. 245 y sigs.

86. S. Freud, *Ibíd.*, pág. 246. "Esta primera investigación deja la impresión de que los elementos *botánica* y *monografía* aparecen en el sueño porque eran los que más puntos de contacto tenían con los pensamientos del sueño; eran nudos en donde podían encontrarse gran cantidad de pensamientos del sueño porque ofrecían a la interpretación diversos sentidos.

87. Véase *supra*, pág. 54 y sigs.

88. S. Freud, *Le rêve et son interprétation, op. cit.*, págs. 45-46. "El trabajo de condensación también puede explicar ciertas imágenes propias del sueño que son completamente ignoradas por el estado de vigilia. Se trata de las figuras humanas de personalidad múltiple o mixta así como también esas extrañas creaciones compuestas que sólo se pueden comparar con las figuras animales concebidas por la imaginación de los pueblos de Oriente."

"Quién de nosotros no ha encontrado en sus propios sueños este tipo de imágenes que resultan de las combinaciones más variadas. Puedo formar una figura única por medio de rasgos tomados de muchas otras; puedo ver en sueños una fisonomía muy conocida y darle el nombre de otro, o bien identificarla completamente pero ubicarla en una situación en la que en realidad se encuentra otra persona."

89. S. Freud, *L'Interprétation des rêves, op. cit.*, pág. 99 y sigs. y pág. 254 y sigs.

90. S. Freud, *L'Interprétation des rêves*, *op. cit.*, pág. 254.

91. S. Freud, *Ibíd.*, pág. 254. "Se puede crear una persona colectiva que sirva para la condensación del sueño al reunir en una sola imagen del sueño los rasgos de dos o más personas. Así es como se formó el doctor M... de mi sueño. Lleva el nombre de M..., habla y actúa como él; sus características físicas, su enfermedad son de otra persona: de mi hermano mayor. Sólo un rasgo, la palidez, está doblemente determinado porque en la realidad es común a las dos personas."

92. S. Freud, *L'Interprétation des rêves*, *op. cit.*, págs. 255-256.

93. Freud aporta un ejemplo del mismo tipo con respecto a otro neologismo construido en un sueño: "Norekdal". Este término está condensado a partir de "Nora" y "Ekdal". (Véase *L'Interpretation des rêves*, *op. cit.* pág. 257.) Ese mismo mecanismo metafórico interviene a menudo de manera estereotipada en alteraciones psicopatológicas del lenguaje como las glosolalias y ciertos lenguajes delirantes. Las producciones neológicas suelen conjugarse en esos casos con mecanismos metonímicos, como ya lo mostré en un estudio: "Condensation et déplacement dans la structuration des langages délirants" (véase *supra*, nota 2, pág. 38).

94. a) Véase *supra*, pág. 26.

b) S. Freud, *Le rêve et son interprétation*, *op. cit.*, pág. 52. "Mientras se realiza el trabajo del sueño, la intensidad psíquica de las ideas y de las representaciones que son su objeto, se transporta sobre otras, precisamente sobre aquellas que no esperábamos en absoluto ver acentuadas."

c) S. Freud, *L'Interprétation des rêves*, *op. cit.*, pág. 263. "Observamos que los elementos que por su contenido nos parecían esenciales sólo representaban en los pensamientos del sueño un papel muy poco determinante. Inversamente, lo que resulta visiblemente esencial de los pensamientos del sueño no aparece representado en éste. El sueño se centra de otra manera, su contenido se organiza alrededor de otros elementos que no son los pensamientos del sueño.

95. Véase *supra*, pág. 59 y sigs.

96. A. Garma, *La psychanalyse des rêves*, París, PUF, 1954. [Hay versión castellana: *El psicoanálisis de los sueños*, Buenos Aires, Paidós, 1963, 4ª edición.]

97. *Ibíd.*, pág. 24.

98. A. Garma, *La psychanalyse des rêves*, *op. cit.* pág. 24.

99. Véase. *supra*, pág. 60.

100. Véase *supra*, pág. 62.

101. A. Garma, *La psychanalyse des rêves*, *op. cit.* pág. 267.

102. *Ibíd.*, pág. 267.

103. S. Freud, *Der Witz und seine Beziehung zum Unbewussten* (1905), G.W., VI, S.E. VIII, citado en la traducción de M. Bonaparte y M. Nathan, *Le mot d'esprit et ses rapports avec l'inconscient*, París, Gallimard, 1930, págs. 45-46. [Hay versión castellana: *El chiste y su relación con lo inconsciente* en *op. cit.*, vol. I, págs. 825 y sigs.]

104. Véase *supra*, pág. 69.

105. S. Freud, *Le mot d'esprit et ses rapports avec l'inconscient*, *op. cit.*, pág. 30.

106. *Ibíd.*, pág. 35.

107. *Ibíd.*, pág. 82.

108. J. Lacan, "Fonction et champ de la parole et du langage en psychanalyse", en *Écrits*, *op. cit.*, pág. 269.

109. J. Lacan, "Fonction et champ de la parole et du langage en psychanalyse", en *Ecrits, op. cit.*

110. J. Lacan, "L'Instance de la lettre dans l'inconscient ou la raison depuis Freud", en *Ecrits, op. cit.*, pág. 528.

111. J. Lacan, seminario, libro III. *Les psychoses, op. cit.*, Seminario del 4 de julio de 1956, pág. 351.

112. E. Jones, "Le developpment précoce de la sexualité féminine (1927)" —Early development of female sexuality (1927)— en *Paper on Psycho-Analysis*, Baillière, Londres, 5ª ed., 1950, págs. 439-440, trad. J. Laplanche et J.B. Pontalis en *Vocabulaire de la psychanalyse*, París, PUF, 1973, pág. 31. [Hay versión castellana: *Diccionario del psicoanálisis*, Labor, Barcelona, 1983.]

113. J. Lacan, seminario "La Relation d'objet et les structures freudiennes", *op. cit.*, seminario del 13 de marzo de 1957 (seminario inédito).

114. Más adelante volveremos sobre la distinción de la falta del objeto que existe entre privación, frustración y castración.

115. J. Lacan, seminario, libro III, *Les psychoses, op. cit.*, pág. 355, seminario del 4 de julio de 1956.

116. J. Laplanche y J. B. Pontalis, "Phallus", en *Vocabulaire de la psychanalyse*, París, PUF, 1973, pág. 311.

117. S. Freud, *Drei Abhandlungen zur Sexualtheorie* (1905), G.W., V, 29-145, S.E. VII, 123-243, trad.: Reverchon-Jouve, París, Gallimard, 1962.

118. S. Freud, "Die infantile Genitalorganisation" (1923), G.W., XIII, 293-298, S.E. XIX, 139-145, citado en la traducción de J. Laplanche: "L'organisation génitale infantile", en *La vie sexuelle*, París, PUF, 1969. [Hay versión castellana: "La organización genital infantil" en *op. cit.*, vol. I, págs. 1195 y sigs.]

119. *Ibíd.*, pág. 114.

120. *Ibíd.*, pág. 115 (subrayado por mí).

121. J. Lacan, "Le mythe individuel du névrosé", en *Ornicar* 1979, N° 17.

122. El problema de la metáfora del Nombre del Padre es abordada explícitamente por Lacan en su seminario 1957-1958: "Les formations de l'inconscient" (seminario inédito); principalmente en sus seminarios del 15, 22 y 29 de enero de 1958.

Un resumen del seminario: "Les formations de l'inconscient" redactado por J. B. Pontalis (y aprobado por Lacan) fue publicado en el *Bulletin de Psychologie*: 1957-1958, tomo XI, N° 4-5, págs. 293-296, 1957-1958, tomo XII, N° 2-3, págs. 182-192, N° 4, págs. 250-256.

123. J. Lacan: "Les formations de l'inconscient", *op. cit.*, seminario del 22 de enero de 1958. "En esta estructura que postulamos aquí como la de la metáfora residen todas las posibilidades de articular claramente el complejo de Edipo y su motor, es decir, el complejo de castración. La castración, aunque esté por una parte profundamente ligada a la articulación simbólica de la prohibición del incesto, y por otra parte esté en el primer plano de nuestra experiencia, y aun más en el caso de aquellos que son su objeto privilegiado, es decir los neuróticos, es algo que se manifiesta en el plano de lo imaginario." (Seminario del 15 de enero de 1958.)

124. J. Lacan, "Les formations de l'inconscient", *op. cit.*: "No se puede hablar de Edipo si no hay padre; inversamente, hablar de Edipo es introducir como esencial la función del padre." (Seminario del 15 de enero de 1958.)

125. J. Lacan, *ibíd.*: "¿Puede un Edipo constituirse normalmente cuando no hay padre? (...) Se pudo observar que no era tan simple, que a pesar de todo, un

Edipo podía constituirse aunque el padre no estuviera (...) Los complejos de Edipo absolutamente normales, normales en los dos sentidos, como normalizadores por un lado, y normales también en tanto que desnormalizan, me refiero a sus efectos neurotizantes, se establecen de una manera exactamente homogénea a los otros casos, aun cuando el padre no esté." (Seminario del 15 de enero de 1958.)

126. J. Lacan, *ibíd*.: "Con respecto a la carencia, quiero simplemente hacerles notar que cuando el padre está carente y en la medida en que se habla de carencia, nunca se sabe de qué (...) Se entrevió el problema de su carencia, pero no de una manera directa (...) sino, como era evidente desde el comienzo, en tanto que miembro del trío fundamental, ternario de la familia, es decir, en tanto que teniendo su lugar en la familia, se podía empezar a decir cosas un poco más eficaces con respecto a la carencia (...). Hablar de su carencia en la familia no es hablar de su carencia en el complejo, porque para hablar de su carencia en el complejo hay que introducir una dimensión diferente de la realista." (Seminario del 15 de enero de 1958.)

127. J. Lacan, "Les formation de l'inconscient", *op. cit.*, (seminario del 15 de enero de 1958.)

128. J. Lacan, "Le stade du miroir. Théorie d'un moment structurant et génétique de la constitution de la réalité, conçu en relation avec l'expérience et la doctrine psychanalytique" (3 de agosto de 1936). Conferencia pronunciada en el XIV° congreso psicoanalítico internacional, Marienbad, 28 de agosto de 1936. El texto de esta conferencia es inédito. La comunicación está en el índice bajo el título "The looking glass phase" en *International Journal of Psycho-Analysis*, 1937, I, 1978. Lacan retoma el tema de esta conferencia en el XVI° congreso internacional de psicoanálisis el 17 de julio de 1949 en Zurich, con el título: "Le stade du miroir comme formateur de la fonction du 'Je' telle qu'elle nous est révélée dans l'experience psychanalytique." Véase *Ecrits, op. cit.*, págs. 93-100.

129. J. Lacan, "Le stade du miroir comme formateur du "Je", *op. cit.*, "Ese cuerpo fragmentado (...) aparece regularmente en los sueños cuando la moción del análisis alcanza un cierto nivel de desintegración agresiva del individuo. Entonces aparece bajo la forma de miembros disjuntos", pág. 97.

130. J. Lacan, *ibíd.*, pág. 97.

131. J. Lacan, "L'agressivité en psychanalyse" (1948), en *Ecrits, op. cit.*, pág. 113.

132. J. Lacan, "L'agressivité en psychanalyse", *op. cit.*, pág. 112. "Yo mismo creí poder destacar que en esas ocasiones el niño anticipa en el plano mental la conquista de la unidad funcional de su propio cuerpo, aún inconclusa en ese momento en lo que respecta al plano de la motricidad voluntaria. Hay allí una primera captación a través de la imagen en la que se dibuja el primer momento de la dialéctica de las identificaciones."

133. Aquí se trata del "*otro*" interpelado como "Otro", tal como lo veremos más adelante.

134. J. Lacan, "Les formations de l'inconscient", *op. cit.*, seminario del 22 de enero de 1958.

135. *Ibíd.*

136. J. Lacan, "Les formations de l'inconscient", *op. cit.*, seminario del 22 de enero de 1958.

137. J. Lacan, "Les formations de l'inconscient", *op. cit.*, seminario del 22 de enero de 1958 (subrayado por mí).

138. J. Lacan, "Les formations de l'inconscient", seminario del 15 de enero de 1958.

139. J. Lacan, "La rélation d'objet et les structures freudiennes", seminario, 1956-1957 (seminario inédito). Véase seminarios del 5 y del 12 de diciembre de 1956.

140. J. Lacan, "La rélation d'objet et les structures freudinnes", *op. cit.*, seminario del 12 de diciembre de 1956.

141. J. Lacan, "Les formations de l'inconscient", *op. cit.*, seminario del 15 de enero de 1958. La frustración siempre es la falta imaginaria de un objeto real.

142. J. Lacan, "Les formations de l'inconscient", *op. cit.*, seminario del 22 de enero de 1958 (subrayado por mí).

143. *Ibíd.*

144. J. Lacan, *ibíd.*, seminario del 22 de enero de 1958.

145. *Ibíd.*

146. J. Lacan, "Les formations de l'inconscient", *op. cit.*, seminario del 22 de enero de 1958.

147. *Ibíd.* "Aquí es donde esa 'otra' a la cual se dirige, es decir particularmente la madre (...) tiene una cierta relación que es relación con el padre (...) No se trata tanto de las relaciones personales entre el padre y la madre (...) se trata precisamente de un momento que debe ser vivido como tal y que concierne no sólo a las relaciones de la persona de la madre con la persona del padre, sino de la madre con *la palabra del padre.*" (Subrayado por mí.)

148. J. Lacan, "Les formations de l'inconscient", *op. cit.*, seminario del 22 de enero de 1958.

149. *Ibíd.*

150. *Ibíd.*

151. J. Lacan, "Les formations de l'inconscient", *op. cit.*, seminario del 22 de enero de 1958.

152. *Ibíd.*

153. S. Freud, *Jenseits des Lustprinzips* (1920), G.W., XIII, 3-69, S.E., XVIII, 1-64, citado en la traducción de J. Laplanche y J.B. Pontalis, *Au-déla du principe de plaisir*, en *Essais de psychanalyse*, París, Payot, 1981, págs. 52-59, 2ª ed. [Hay versión castellana: *Más allá del principio del placer*, en *op. cit.*, vol. I, págs. 1097 y sigs.]

154. S. Freud, *ibíd.*, págs. 52-53.
      * en alemán: "Fort": lejos, ido.
      ** en alemán: "da".

155. S. Freud. *ibíd.*, pág. 53.

156. *Ibíd.*, pág. 54.

157. La fórmula exacta proporcionada por Lacan es la siguiente:

$$\frac{S}{\cancel{S}} \cdot \frac{\cancel{S}'}{x} \longrightarrow S\left(\frac{I}{s}\right)$$

J. Lacan, "D'une question préliminaire à tout traitement possible de la psychose" (diciembre de 1957 - enero de 1958), en *Ecrits, op. cit.*, pág. 557.

158. J. Lacan, "Les formations de l'inconscient". *op. cit.*, seminario del 15 de enero de 1958.

159. J. Lacan, "Les formations de l'inconscient", *op. cit.*, seminario del 15 de enero de 1958.

160. *Ibíd.*

161. J. Lacan, "D'une question préliminaire à tout traitement possible de la psychose", op. cit., pág. 557.

162. J. Lacan, "D'une question préliminaire à tout traitement possible de la psychose", op. cit., pág. 557.

163. J. Lacan, Les psychoses (1955-1956), seminario, libro III, París, Seuil, 1981.

164. J. Lacan, "D'une question préliminaire à tout traitement possible de la psychose", op. cit., págs. 557-558.

165. S. Freud:
a) "Neurose und Psychose" (1924), G.W., XIII, 387-391, S.E. XIX, 147-153, trad.: D. Guerineau: "Névrose et psychose", en Névrose, psychose et perversion, París, PUF, 1973, págs. 283-286. [Hay versión castellana: "Neurosis y psicosis" en op. cit. vol. II, pág. 499 y sigs.]
b) "Der Realitätsverlust bei Neurose und Psychose" (1924), G.W., XIII, 363-368, S.E., XIX, 181-187, trad.: D.Guerineau: "La perte de la réalité dans la névrose et dans la psychose" en Névrose, psychose et perversion, París, PUF, págs. 299-303. [Hay versión castellana: "La pérdida de la realidad en la neurosis y en la psicosis" en op. cit., vol. II, pág. 504 y sigs.]

166. S. Freud:
a) "Die Ichspaltung in Abwehrvorgang" (1938), G.W., XVII, 59-62, S.E., XXIII, 271-278, trad.: R. Lewinter y J.B. Pontalis: "Le clivage du moi dans les processus de défense", en Nouvelle Revue de Psychanalyse, 1970, 2, págs. 25-28.
b) Abriss der psychoanalyse (1938), G.W., XVII, 67-138, S.E., XXIII, págs. 139-207, trad.: A. Berman: Abrégé de psychanalyse, París, PUF, 1967. [Hay versión castellana: Compendio del psicoanálisis en op. cit., vol. III, págs. 392 (repetido en III, 1008).]

167. S. Freud, "Fetichismus" (1927), G.W., XIV, 311-317, S.E., XXI, 147-157, trad. D. Berger: "Le fétichisme", en La vie sexuelle, París, PUF, 1969, págs. 133-138.

168. J. Lacan, "D'une question préliminaire à tout traitement possible de la psychose", op. cit., pág. 575.

169. M. Patris, "L'Identification au père. Entre l'amour et la terreur du phallus" en La fonction paternelle en psycopathologie, Congreso de Psiquiatría y Neurología de lengua francesa, LXXIX sesión, Colmar, 29 de junio-4 de julio de 1981, París, Masson, 1981, págs. 38-47.

170. J. Lacan, "D'Une question préliminaire à tout traitement possible de la psychose" (1957), en Ecrits, op. cit., pág. 579 (subrayado por mí).

171. Véase infra, cap. 22: "La fórmula de la comunicación y el inconsciente como discurso del Otro", pág. 200 y sig.

172. J. Laplanche y J.B. Pontalis, Vocabulaire de la psychanalyse. Véase "Clivage du moi", págs. 67-70, París, PUF, 1967.

173. J. Breuer y S. Freud: Studien über Hysterie (1893-1895), G.W., I, 77-312, S. E. II, trad. por A. Berman Etudes sur l'hystérie, París, PUF, 1967.
a) "Al estudiar esos fenómenos con más detalle nos convencimos cada vez más de que la disociación de lo consciente, llamada doble conciencia en las observaciones clásicas, existe rudimentariamente en todas las histerias." (Le mécanisme psychique de phénomenes hysteriques) (J. Breuer y S. Freud) en Etudes sur l'hystérie, op. cit., pág. 8.
b) "Para crear representaciones, el psiquismo despliega una actividad

221

en parte consciente y en parte inconsciente. Las representaciones pueden o no volverse conscientes. No conviene hablar de una escición en lo consciente, sino de una disociación psíquica." (Considérations théoriques) (J. Breuer), en *Etudes sur l'hystérie*, *op. cit.*, pág. 181.

174. J. Laplanche y J.B. Pontalis, *Vocabulaire de la psychanalyse*. Véase "Clivage du moi" *op. cit.*, pág. 67.

175. S. Freud:
a) "Le fétichisme" (1927) en *La vie sexuelle*, *op. cit.*, pág. 133 y sigs.
b) "Le clivage du moi dans les processus de défense" (1938), en *Nouvelle Revue de Psychanalyse*, *op. cit.*, págs. 25 y sigs.
c) *Abrégé de psychanalyse* (1938) *op. cit.*

176. J. Laplanche y J.B. Pontalis, *Vocabulaire de la psychanalyse*, *op. cit.*

177. En 1911, E. Bleuler fue el encargado de redactar, para el tratado de psiquiatría dirigido por B. Aschaffenburg, el volumen referido a la demencia precoz al que tituló: *Dementia Praecox oder Gruppe der Schizophrenien*, Handbuch der Psychiatrie, Franz Deuticke, Leipzig, 1911, págs. 284-379.501.61. Este texto nunca fue traducido al francés. Existe una traducción inglesa hecha por J. Zinkin: Dementia Praecox or the Group of Schizophrenia, International University Press, 1ª ed. 1960. 6ª ed. 1964. En este texto el concepto de *Spaltung* está definido como un indicio semiológico específico de los procesos esquizofrénicos.

178. J. Lacan, Préface en *Jacques Lacan* Anika Rifflet-Lemaire, 1ª ed., Bruselas Dessart, 1970, pág. 18, 2ª ed., 1977, pág. 14.

179. H. Ey (bajo la dirección de): *L'Inconscient*, 6º coloquio de Bonneval, París, Desclée de Brouwer, 1966. "L'Inconscient: une étude psychanalytique", J. Laplanche y S. Leclaire, *op. cit.* págs. 95-130 y 143-177 (discusión).

180. Lacan retomó el contenido de su intervención en el coloquio de Bonneval (*op. cit.*, págs. 159-170) en el texto "Position de l'inconscient", en *Ecrits, op. cit.*, págs. 829-850.

181. S. Freud, "Die Verdrängung" (1915), G.W., X, 248-261, S.E., XIX, 141-158, trad. por J. Laplanche y J.B. Pontalis: "Le Refoulement en *Métapsychologie*, Paris, Gallimad, 1968, pág. 89.

182. S. Freud, "Das Unbewusste" (1915), G.W., X, 264-303, S.E., XIV, 159-215, trad. por J. Laplanche y J.B. Pontalis: "L'Inconscient", en *Métapsychologie*, París, Gallimard, 1968, pág. 89.

183. J. Lacan, "A la mémoire d'Ernest Jones: sur sa théorie du symbolisme" (1959) en *Ecrits, op. cit.*, pág. 711.

184. J. Lacan, "Fonction et champ de la parole et du langage en psychanalyse", en *Ecrits, op. cit.*, pág. 276.

185. J. A Miller, "La suture (éléments de la logique du signifiant)" en *Cahiers pour l'analyse*, 1966, 1-2, pág. 39.

186. Véase *supra* cap. 5: "El valor del signo lingüístico y la puntada en Lacan".

187. El sentido retrógrado del vector de almohadillado $\triangle$ S indica esa propiedad.

188. J. Lacan, "Position de l'inconscient", en *Ecrits, op. cit.*, pág. 840.

189. *Ibíd.*, pág. 835.

190. Véase *supra*, esquemas págs. 131 y 135.

191. Véase esquema, pág. 141.

192. J. Lacan, "Position de l'inconscient", en *Ecrits, op. cit.*, pág. 835.

193. J. L. Austin, *Quand dire c'est faire*, París, Seuil, 1970.

194. J. Serle, *Les actes de langage*, París, Hermann, 1972. [Hay versión castellana: *Actos de habla*, Cátedra, Tarragona, 1980.]

195. J. L. Austin, *Quand dire c'est faire, op. cit.*, pág. 47.

196. J. Lacan, "L'Etourdit" (1972), en *Scilicet*, 1972, N° 4, pág. 8.

197. J. Lacan, "Position de l'inconscient", en *Ecrits, op. cit.*, pág. 834.

198. J. Laplanche y J.B. Pontalis, *Vocabulaire de la psychanalyse*, "Attention (également) flottante", París, PUF, 1967, págs. 38-40.

199. S. Freud, "Ratschlägee für den Arzt bei der psychoanalytischen Behandlung" (1912), G.W., VIII, 376-387, S.E., XII, 109-120, trad. A. Berman: "Conseils aux médecins sur le traitement analytique", en *Technique de la psychanalise*, París, PUF, 1953, págs. 61-71.

200. J. Laplanche y J. B. Pontalis, *Vocabulaire de la psychanalyse, op. cit.*, pág. 40.

201. S. Freud, *ibíd.*, pág. 66.

202'. J. Lacan, "Fonction et champ de la parole et du langage en psychanalyse" (1953), en *Ecrits, op. cit.*, pág. 293.

203. J. Lacan, "Remarque sur le rapport de Daniel Lagache: Psychanalyse et structure de la personnalité" (1960), en *Ecrits, op. cit.*, pág. 655.

204. J. Lacan, "De nos antécédents" (1966), en *Ecrits, op. cit.*, pág. 70.

205. J. Lacan, *Le Moi dans la théorie de Freud et dans la technique de la psychanalyse*, libro II, 1954-1955, seminario del 25 de mayo de 1955, París, Seuil, 1978 pág. 284 (subrayado por mí).

206. J. Lacan, "Introduction au commentaire de Jean Hyppolite sur la *Verneinung* de Freud" (1954), en *Ecrits, op. cit.*, pág. 274 (subrayado por mí).

207. J. Lacan, "Position de l'inconscient", en *Ecrits, op. cit.*, pág. 832. (subrayado por mí).

208. J. Lacan, *Le Moi dans la théorie de Freud et dans la technique de la psychanalyse*, seminario del 25 de mayo de 1955, *op. cit.*, pág. 284. Este esquema L se encuentra en el "Seminaire de la lettre volée" (1956), en *Ecrits, op. cit.*, pág. 53 y en su forma simplificada:

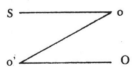

en: "D'une question préliminaire à tout traitement possible de la psychose", en *Ecrits, op. cit.*, pág. 548.

209. J. Lacan, "D'une question préliminaire à tout traitement possible de la psychose", en *Ecrits, op. cit.*, pág. 549.

210. J. Lacan, *Le Moi dans la théorie de Freud et dans la technique de la psychanalyse*, seminario del 25 de mayo de 1955, *op. cit., cit.*, pág. 285.

211. *Ibíd.*, pág. 285.

212. J. Lacan, "Introduction au commentaire de Jean Hyppolite sur la *Verneinung* de Freud", en Ecrits, *op. cit.*, pág. 374. El movimiento de esta dialéctica hegeliana será desarrollado en el capítulo siguiente.

213. J. Lacan, *Le Moi dans la théorie de Freud et dans la technique de la psychanalyse*, libro II, 1954-1955, seminario de 25 de mayo de 1955, *op. cit.*, pág 285.

* Con esta escritura (ex-sistente / ex-sister) Lacan metaforiza la posición del sujeto con respecto a su discurso. El prefijo *ex*, y la raíz latina *sistere* indican, en efecto, la posición del sujeto que siempre es "estar ubicado fuera de".
214. *Ibíd.*, págs. 285-286.
215. J. Lacan, *Le Moi dans la théorie de Freud et dans la technique de la psychanalyse*, libro II, 1954-1055, seminario del 25 de mayo de 1955, *op. cit.*, pág. 286.
216. *Ibíd.*, pág. 286.
217. *Ibíd.*, pág. 288.
218. J. Lacan: *Le Moi dans la théorie de Freud et dans la technique de la psychanalyse.*, libro II, 1954-1955, seminario del 25 de mayo de 1955, *op. cit.*, pág. 288.
219. J. Lacan, *Le Moi dans la théorie de Freud et dans la technique de la psychanalyse*, libro II, 1954-1955, seminario del 25 de mayo de 1955, *op. cit.*, pág. 288.
220. *Ibíd.*
221. J.A. Miller, "La Suture", en *Cahiers pour l'analyse, op. cit.*, pág. 39.
222. Debe comprenderse en el sentido kantiano del término, es decir, en referencia a las condiciones *a priori* del conocimiento.
223. J. Dor:
a) "Suture scientifique et suture logique du sujet de l'inconscient", conferencia en el IV Congreso Internacional de Psicoanálisis, Milán, 28/31 de enero de 1981.
b) "Scientificita della psicanalisi? Una sovversione della cultura scientifica" en *Vel*, Come Comminore nel cielo! Saggi di formazione psicanalitica, 1982, N° 16, págs. 149-159. (Conferencia en el I congreso del Movimiento Freudiano Internacional, Roma, 28/30 de enero de 1982). Reimpreso en francés en *Spirales*, 1982, N° 13, p. 61 y N° 14, págs. 63-64.
224. Hegel, *Phénomenologie de l'esprit*, trad. J. Hyppolite, 2 vol., París, Aubier Montaigne. [Hay versión castellana: *Fenomenología del espíritu*, Fondo de Cultura Económica de España, Madrid, 1981.]
225. Sobre la concepción freudiana de las primeras experiencias de satisfacción y de la esencia del deseo, remitirse esencialmente a los siguientes textos:
a) S. Freud: "Entwurf einer Psychologie" (1895) en *Ausden Aufängen der Psychoanalyse*, London, Imago, 1950. S.E., I, 281-397, trad. por A. Berman: "Esquisse d'une psychologie scientifique", en *Naissance de la psychanalyse*, París, PUF, 1956, pág. 307-396. [Hay versión castellana: *Los orígenes del psicoanálisis; Cartas a Wilhelm Flies, Manuscritos y Notas de los años 1887 a 1902*, en *op. cit.* vol III, págs. 453 y sigs.]
b) S. Freud: *L'Interprétation des rêves, op. cit.*, véase cap. VII "Psychologie des processus du rêve", págs. 433-527.
c) S. Freud: "Tribe und Triebschicksale" (1915), G.W., X, 210-232, S.E., XIV, 109-140, trad. bajo la dirección de J. Laplanche y J. B. Pontalis en *Métapsychologie*: "Pulsions et destins des pulsions", *op. cit.*, págs. 11-44.
d) J. Laplanche y J. B. Pontalis: *Vocabulaire de la psychanalyse*, véase "Désir", "accomplissement de désir", *op. cit.*, pág. 120-122 y págs. 4-5.
226. S. Freud, *L'Interprétation des rêves, op. cit.*, pág. 481 (subrayado por mí).
227. J. Laplanche y J. B. Pontalis: *Vocabulaire de la psychanalyse, op. cit.*, véase "Motion pulsionnelle", pág. 259.

228. J. Lacan, *Les quatre concepts fondamentaux de la psychanalyse*, seminario, libro XI, 1964, París, Seuil, 1973.

229. J. Lacan, *Les quatre concepts fondamentaux de la psychanalyse*, seminario del 6 de mayo de 1964 "Démontage de la pulsion", *op. cit.*, págs. 147-157. Seminario del 13 de mayo de 1964: "La pulsion partielle et son circuit", op. cit., págs. 159-169.

230. S. Freud, *Pulsions et destins des pulsions*, *op. cit.*, pág. 25. [Hay versión castellana: "Los instintos y sus destinos", en *op. cit.*, vol. I, págs. 1035 y sigs.]

231. J. Lacan, *Les quatre concepts fondamentaux de la psychanalyse*, *op. cit.*, pág. 151. [Hay versión castellana: *Los cuatro conceptos fundamentales del psicoanálisis*, Seminario XI, Barcelona, Argonauta, 1978.]

232. *Ibíd.* pág. 153.

233. *Ibíd.* pág. 153. Lacan cita aquí un fragmento del texto de Freud: *Pulsions et destins des pulsions* en G.W., X, pág. 215. "Es Kann im Laufe der Lebenschiksale des Triebes beliebig oft gewechselt werden." En su obra: *L'Hystérique entre Freud et Lacan: corps et langage en psychanalyse* (París, Editions Universitaires, 1983) Monique David-Ménard señala un contrasentido de Lacan: "Freud no escribió que el objeto no tiene ninguna importancia ni que es completamente indiferente. Muy por el contrario, su importancia proviene del hecho de posibilitar la satisfacción, y esto en la medida en que un sujeto puede aceptar su carácter variable. El contrasentido de Lacan se refiere a la palabra *beliebig* (tanto como se quiera, a voluntad) a la que reemplaza por "arbitrario", "indiferente". En el texto de Freud, *beliebig* es un adverbio que modifica a otro adverbio *(oft)*; el objeto cambia *tan a menudo como se desee*. El sentido de arbitrario no lleva a una indiferencia del objeto sino a la necesidad de cambiar para que la satisfacción sexual sea posible." *Op. cit.*, pág. 205.

234. J. Lacan, *Les quatre concepts fondamentaux de la psychanalise*, *op. cit.*, págs. 162-163.

235. En su seminario: "L'Ethique de la psychanalyse" (1959), libro VII (seminario inédito) J. Lacan interpela a la Cosa y comienza a articular en ella la problemática del deseo como la de un objeto imposible.

236. M. Safouan, *Le structuralisme en psychanalyse*, París, Seuil, 1968, pág. 44. En la primera parte de esta obra ("L'Inconscient"), el autor retoma la problemática de las experiencias de satisfacción a partir del texto freudiano: *L'Esquisse*.

237. Este reconocimiento de la falta en el Otro está materializado en la escritura lacaniana a través de la fórmula simbólica: S (Ø) (Significante de la falta en el Otro).

238. J. Lacan, "L'Instance de la lettre dans l'inconscient ou la raison depuis Freud", en *Ecrits, op. cit.*, pág. 500.

239. *Ibíd.*, pág. 500.

240. Véase *supra*, cap. 5: "El valor del signo lingüístico y la puntada en Lacan".

241. J. Lacan, "Subversión du sujet et dialectique du désir dans l'inconscient freudien" en *Ecrits, op. cit.*, pág. 805.

242. Véase. *supra*, cap. 5, *Ibíd.*

243. J. Lacan, "Les formations de l'inconscient", *op. cit.*, seminario del 6 de noviembre de 1957.

244. Estos dos seminarios aún inéditos fueron resumidos por J. B. Pontalis

con la aprobación de Lacan, en el *Bulletin de psychologie:* "Les formations de l'inconscient", 1957-1958, tomo XI, N° 4-5, págs. 293-296; 1958-1959, tomo XII, N° 2-3, págs. 182-192; N° 4, págs. 250-256. "Le désir et son interprétation", 1959-1960, tomo XIII, N° 5, págs. 263-272; N° 6, págs. 329-335. Algunas sesiones del seminario "Le désir et son interprétation" fueron publicadas en *Ornicar?:* 4 de marzo de 1959: Hamlet, Canevas I, *Ornicar?,* 1981, 24, págs. 7-17. 11 de marzo de 1959: Hamlet, Canevas II, ibíd., 1981, 24 págs. 18-31. 18 de marzo de 1959: Hamlet, Le désir de la mére, *Ibíd.,* 1982, 25, págs. 13-25. 8 de abril de 1959: Hamlet, Il n'ya pas d'Autre de l'Autre *ibíd,* 1982, 25, págs. 26-36. 15 de abril de 1959: Hamlet, L'objet Ophélie, *ibíd.,* 1983, 26-27, págs. 17-19. 22 de abril de 1959: Hamlet, Le désir et le deuil, *ibíd.,* 1983, 26-27, págs. 20-31. 29 de abril de 1959: Hamlet, Phallophanie, *ibíd.,* 1983, 26-27, págs. 30-44.

245. J. Lacan, "Subversion du sujet et dialectique du désir dans l'inconscient freudien" (1960), en *Ecrits, op. cit.,* págs. 793-827.

246. J. Lacan: "Subversion du sujet et dialectique du désir dans l'inconscient freudien", en *Ecrits, op. cit.,* pág. 805.

247. *Ibíd.,* pág. 805.

248. J. Lacan: "Les formations de l'inconscient", *op. cit.*

249. J. Lacan, "Les formations de l'inconscient", *op. cit.,* seminario del 6 de noviembre de 1957.

250. Sobre el tema del objeto metonímico pueden remitirse al seminario: "La relation d'objet et les structures freudiennes" (1956-1957 · seminario inédito), en el que Lacan analiza la función de este objeto a propósito del caso de Juanito. (Remitirse a los seminarios de 6, 13, 20 y 27 de marzo y 3 y 10 de abril.) El seminario "La relation d'objet et les structures freudiennes" fue resumido por J. B. Pontalis, aprobado por Lacan y publicado en el Bulletin de psychologie: 1956-1957, tomo X, N° 7 págs. 426-430, N° 10, pág. 602-605, N° 12, págs. 742-743, N° 14, págs. 851-854. 1957-1958, tomo XI, N° 1, págs. 31-34.

251. S. Freud: *Le Mot d'esprit et ses rapports avec l'inconscient, op. cit.,* pág. 30.

252. Véase *supra,* cap. 16: "La división del sujeto, la alienación en el lenguaje".

253. Véase *supra,* cap. 18: "La alienación del sujeto en el yo. El esquema L. La forclusión del sujeto".

254. J. Lacan, *Le Moi dans la théorie de Freud et dans la technique de la psychanalyse,* seminario, libro II, 1954-1955, *op. cit.,* pág. 371.

255. J. Lacan, *Le Moi dans la théorie de Freud et dans la technique de la psychanalyse, op. cit.,* pág. 372.

256. *Ibíd.* pág. 372.

257. J. Lacan, *Les psychoses,* seminario, libro III, 1955-1956, *op. cit.,* pág. 47.

258. J. Lacan, *Ibíd, op. cit.,* pág. 48.

259. *Ibíd.,* págs. 62-63.

260. J. Lacan, el "Seminaire de la lettre volée", en *Ecrits, op. cit* pág. 41.

261. J. Lacan, *Les psychoses, op. cit.,* pág. 48.

262. *Ibíd.,* pág. 47.

263. J. Lacan, "Ouverture de ce recueil" en *Ecrits, op. cit.,* pág. 9.

264. J. Lacan, "Fonction et champ de la parole et du langage en psychanalise", en *Ecrits, op. cit.,* pág. 298.

* De allí el trazado discontinuo del vector a partir de la intersección con el eje O'   o.

265. J. Lacan, "La psychanalise et son enseignement" (1957) en *Ecrits, op. cit.*, pág. 439.

266. J. Lacan, "La direction de la cure et les principes de son pouvoir" (1958) en *Ecrits, op. cit.*, pág. 634.

267. J. Lacan, *Les psychoses*, seminario del 7 de diciembre de 1955: "Je viens de chez le charcutier", *op. cit.*, págs. 55-68.

268. J. Lacan, *Les psychoses, op. cit.*, pág. 63.

269. J. Lacan: *Les psychoses, op. cit.*, pág. 64.

270. *Ibíd.*, pág. 64.

271; Véase *supra*, cap. 21, "El grafo del deseo 1: De la puntada al molino de palabras".

272. Véase *supra*, cap. 9, "El chiste como proceso metáforo-metonímico".

273. J. Lacan, "Les formations de l'inconscient", *op. cit.*, seminario del 6 de noviembre de 1957. [Hay versión castellana: *Las formaciones del inconsciente*, Buenos Aires, Nueva Visión, 1972.]

274. J. Lacan, "Les formations de l'inconscient", *op. cit.*, seminario del 6 de noviembre de 1957.

275. J. Lacan, "Les formations de l'inconscient", *op. cit.*, seminario del 6 de noviembre de 1957.

276. J. Lacan, "Les formations de l'inconscient", *op. cit.*, seminario del 6 de noviembre de 1957.

277. *Ibíd.*

278. J. Lacan, "Les formations de l'inconscient", *op. cit.*, seminario del 13 de noviembre de 1957.

279. *Ibíd.*

280. S. Freud, *Zur Psychopathologie des Alltagslebens* (1901), G.W., IV, S.E., VI, trad. por S. Jankelevitch: Psychopathologie de la vie quotidianne, Paris Payot, 1922, cap. I "Oubli des noms propres". [Hay versión castellana: *Psicopatología de la vida cotidiana* en *op. cit.*, vol. I, pág. 629.]

281. J. Lacan, "Les formations de l'inconscient", *op. cit.*, seminario del 13 de noviembre de 1957.

282. J. Lacan, "Les formations de l'inconscient", *op. cit.*, seminario del 20 de noviembre de 1957.

283. J. Lacan, "Les formations de l'inconscient", *op. cit.*, seminario del 16 de abril de 1958.

284. Véase *supra*, cap. 12, "El estadio del espejo y el Edipo", cap. 13: "La metáfora paterna. · El nombre del Padre · La metonimia del deseo.

285. J. Lacan, "Les formations de l'inconscient", *op. cit.*, seminario del 26 de marzo de 1958.

286. *Ibíd.*

287. J. Lacan, "Les formations de l'inconscient", *op. cit.*, seminario del 26 de marzo de 1958.

288. Véase *supra*, cap. 12: "El estadio del espejo y el Edipo".

289. Véase *supra*, cap. 18: "La alienación del sujeto en el yo. El esquema L. La forclusión del sujeto".

290.

291. J. Lacan: "Les formations de l'inconscient", *op. cit.*, seminario del 26 de marzo de 1958.

292. *Ibíd.*

293. Hay que distinguir el ideal del yo del *yo-ideal* que es más el resultado de un ideal narcisista de omnipotencia y de identificación heroica.

294. J. Lacan, "Les formations de l'inconscient", *op. cit.*, seminario del 26 de marzo de 1958.

295. J. Lacan, *ibíd.*, seminario del 26 de marzo de 1958.

296. Véase *supra*, cap. 20: "La necesidad - el deseo - la demanda".

297. J. Lacan: "Les formations de l'inconscient", *op. cit.*, seminario del 9 de abril de 1958.

298. S. Freud, *L'Interprétation des rêves, op. cit.*, págs. 133-137.

299. J. Lacan, *ibíd.*, seminario del 9 de abril de 1958.

300. S. Freud, *L'Interprétation des rêves*, cap. IV: "La déformation dans le reve , *op. cit.*; pág. 133 y sigs.

301. *Ibíd.*, pág. 133.

302. Traducido por Lacan en "Les formations de l'inconscient", *op. cit.*, seminario del 9 de abril de 1958.

303. Traducción Lacan: *ibíd.* Seminario del 9 de abril de 1958.

304. Traducción Lacan: *ibíd.* Seminario del 9 de abril de 1958.

305. Traducción Lacan: en "Les formations de l'inconscient", *op. cit.*, seminario del 9 de abril de 1958.

306. Traducción Lacan: *ibíd.* Seminario del 9 de abril de 1958.

307. S. Freud, *"Massenpsychologie und Ich-Analyse"*(1921), en G.W., XII, 71-161, S.E. XVIII, 65-143, trad. colectiva: Pierre Cotet, A. Bourguignon, J. Altounian, O. Bourguignon, A. Rauzy: "Psychologie des foules et analyse du Moi" en *Essais de psychanalise*, París, Payot, 1981, 2ª ed. pág. 169 y sigs. [Hay versión castellana: *Psicología de las masas y análisis del yo* en *op. cit.*, vól. I, pág. 1127 y sigs.]

308. S. Freud: "Psychologie des foules et analyse du Moi", *op. cit.*, pág. 170.

309. J. Laplanche y J.B. Pontalis: *Vocabulaire de la psychanalyse, op. cit.*, véase "Identification", pág. 189.

310. J. Lacan: "La direction de la cure et les principes de son pouvoir" (1958), en *Ecrits, op. cit.*, págs. 620-621.

311. J. Lacan, "Les formations de l'inconscient", *op. cit.*, seminario del 9 de abril de 1958.

312. *Ibíd.*

313. *Ibíd.*

314. *Ibíd.* Seminario del 9 de abril de 1958.

315. *Ibíd.*

316. *Ibíd.*

317. J. Lacan: "Le désir et son interprétation", seminario, libro VI, 1958-1959, seminario parcialmente editado, véase nota 2, pág. 211. Véase seminario del 12 de noviembre de 1958.

318. J. Lacan "Le désir et son interprétation", *op. cit.*, seminario del 12 de noviembre de 1958.

319. Véase *supra*, cap. 21, "El grafo del deseo 1: de la puntada al molino de palabras"; y cap. 22, "La fórmula de la comunicación y el inconsciente como discurso del Otro".

320. J. Lacan, "Le désir et son interprétation", *op. cit.*, seminario del 12 de noviembre de 1958.

321. *Ibíd.*

322. J. Lacan, "Le désir et son interprétation", *op. cit.*, seminario del 12 de noviembre de 1958.

323. J. Lacan, "Le désir et son interprétation", *op. cit.*, seminario del 12 de noviembre de 1958.

324. J. Lacan, "Le désir et son interprétation", seminario del 12 de noviembre de 1958.

325. *Ibíd.*

326. Véase *supra*, cap. 23, "La creación de sentido en la técnica significante del chiste y la subversión del inconsciente en el lenguaje", pág. 180.

327. Véase *supra*, cap. 6, "Metáfora - metonimia y supremacía del significante", pág. 52.

328. De acuerdo con el esquema del grafo de Lacan tal como figura en "Subversion du sujet et dialectique du désir" en *Ecrits, op. cit.*, pág. 815.

329. J. Lacan, "Le désir et son interprétation", *op. cit.*, seminario del 19 de noviembre de 1958.

330. *Ibíd.*, seminario del 19 de noviembre de 1958.

331. *Ibíd.*

332. Véase *supra*, cap. 12. "El estadio del espejo en el Edipo" y cap. 18: "La alineación del sujeto en el Yo. El esquema L. La forclusión del sujeto".

333. Véase *supra*, cap. 23, "La creación de sentido en la técnica significante del chiste y la subversión del inconsciente en el lenguaje", pág. 180.

334. J. Lacan, "Le désir et son interprétation", *op. cit.*, seminario del 19 de noviembre de 1958.

335. *Ibíd.*

336. *Ibíd.*

337. *Ibíd.*

338. *Ibíd.*

339. *Ibíd.*

340. *Ibíd.*

341. Véase *supra*, cap. 16, "La división del sujeto. La alineación en el lenguaje".

342. J. Lacan, "Le désir et son interprétation", *op. cit.*, seminario del 19 de noviembre de 1958.

343. J. Lacan, "Le désir et son intérprétation", *op. cit.*, seminario del 19 de noviembre de 1958. (Subrayado por mí).

BIBLIOGRAFIA

Austin, J.-L.: *Quand dire c'est faire*, París, Seuil, 1970.

Bleuler, E.: *Dementia Praecox oder Gruppe der Schizophrenien*, Handbuch der Psychiatrie, Franz Deuticke, Leipzig, 1911, 284-379, 501.61. Este texto no ha sido traducido al francés. Existe una traducción en inglés realizada por J. Zinkin: *Dementia Praecox or the Group of Schizophrenias*, International University Press, 1ª ed. 1960.

David-Ménard, Monique: *L'Hystérique entre Freud et Lacan: corps et langage en psychanalyse*, París, Éditions Universitaires, 1983.

Dor, J.: "Scientificita della psicanalisi? Una sovversione della cultura scientifica", en *Vel*, "Come Comminore nel cielo - Saggi di formazione psicanalitica", 1982, nº 16, 149-159. (Conferencia en el I Congreso del movimiento freudiano internacional, Roma, 28-30 de enero de 1982.) Reimpreso en francés es *Spirales*, 1982, nº 13, pág. 61 y nº 14, págs. 63-64.

– "Condensation et déplacement dans la structuration des langages délirants", en *Psychanalyse à l'Université*, 1982, tomo 7, nº 26, 281-298.

– *Bibliographie des travaux de Jacques Lacan*, París, Inter-Éditions, 1984.

Ey, H. (con la dirección de): "L'Inconscient", 6º coloquio de Bonneval, París, Desclée de Brouwer, 1966.

Freeman-Sharpe, Ella: *Dream Analysis* (1937), Londres, The Hogarth Press, 5ª ed., 1961.

Breuer, J. y Freud, S.: *Studien über Hysterie* (1893-1895), *G.W.*, 77-312; *S.E.*, II, *Études sur l'hystérie*, París, PUF, 1967. [Hay versión castellana: *Estudios sobre la histeria*, Madrid, Biblioteca Nueva, 1973, *Obras completas*, vol. I, págs. 25 y sigs.]

Freud, S.: "Entwurf einer Psychologie" (1895), en *Aufden Aufängen der Psychoanalyse*, Londres, Imago, 1950, *S.E.*, I, 281-397; "Esquisse d'une psychologie scientifique", en *Naissance de la psychanalyse*, París, PUF, 1956, 307-396. [Hay versión castellana: *Los orígenes del psicoanálisis: Cartas a Wilhelm Fliess. Manuscritos y notas de los años 1887 a 1902*, Madrid, Biblioteca Nueva, 1973, *Obras completas*, vol. III, págs. 585 y sigs.]

- *Die Traumdeutung* (1900), *G.W.*, II-III; 1-642, *S.E.*, IV-V, 1-621; *L'Interprétation des rêves*, 2ª ed., París, PUF, 1967. [Hay versión castellana: *La interpretación de los sueños*, Madrid, Biblioteca Nueva, 1973, *Obras completas*, vol. I, págs. 231 y sigs.]

- *Zur Psychopathologie des Alltagslebens* (1901), *G.W.*, IV, *S.E.*; VI; *Psychopathologie de la vie quotidienne*, París, Payot, 1922.. [Hay versión castellana: *Psicopatología de la vida cotidiana*, Madrid, Biblioteca Nueva, 1973, *Obras completas*, vol. I, págs. 629 y sigs.]

- *Drei Abhandlungen zur Sexualtheorie* (1905), *G.W.*, V. 29-145; *S.E.*, VII, 123-243; *Trois essais sur la théorie de la sexualité*, París, Gallimard, 1962. [Hay versión castellana: *Tres ensayos sobre una teoría sexual*, Madrid, Biblioteca Nueva, 1973, *Obras completas*, vol. I, págs. 771 y sigs.]

- *Der Witz und seine Beziehung zum Unbewussten* (1905), *G.W.*, VI; *S.E.*, VIII; *Le Mot d'esprit et ses rapports avec l'inconsciente*, París, Gallimard, 1962. [Hay versión castellana: *El chiste y su relación con lo inconsciente*, Madrid, Biblioteca Nueva, 1973, *Obras completas*, vol. I, págs. 825 y sigs.]

- "Remarques psychanalytiques sur l'autobiographie d'un cas de paranoïa" (Le président Schreber) (1911), en *Cinq psychanalyses*, París, PUF, 1975, 7ª ed., págs. 263-324; *G.W.*, VIII, 240-316; *S.E.*, XII, 1-79. [Hay versión castellana: *Observaciones psicoanalíticas sobre un caso de paranoia ("dementia paranoides") autobiográficamente descrito*, Madrid, Biblioteca Nueva, 1973, *Obras completas*, vol. II, págs. 752 y sigs.]

– Rastschläge für den Arzt bei psychoanalytischen Behandlung" (1912), *G.W.*, VIII, 376-387; *S.E.*, XII, 109-120; "Conseils aux médecins sur le traitement analytique", en *Technique de la psychanalyse*, París, PUF, 1953, págs. 61-71. [Hay versión castellana: *Consejos al médico en el tratamiento psicoanalítico*, Madrid, Biblioteca Nueva, 1973, *Obras completas*, vol. II, págs. 418 y sigs.]

"Triebe und Triebschicksale" (1915), *G.W.*, X, 210-232; *S.E.*, XIV, 109-140; en *Métapsychologie:* "Pulsions et destins des pulsions", París, Gallimard, 1968, págs. 11-44. [Hay versión castellana: *Los instintos y sus destinos*, Madrid, Biblioteca Nueva, 1973, *Obras completas*, vol. I, págs. 1035 y sigs.]

–"Das Unbewusste" (1915), *G.W.*, 264-303; *S.E.*, XIV, 159-215; "L'Inconscient", en *Metapsychologie*, París, Gallimard, 1968, pág. 89. [Hay versión castellana: *Lo inconsciente*, Madrid, Biblioteca Nueva, 1973, *Obras completas*, vol. I, pág. 1051 y sigs.]

—"Aus der Geschichte einer infantilen Neurose" (1918), *G.W.*, XII, 29-157; *S.E.*, XVII, 1-122; "Extrait de l'histoire d'une névrose infantile" ("L'homme aux loups"), en *Cinq psychanalyse*, París, PUF, 7ª ed., 1975, págs. 325-420. [Hay versión castellana: *Historia de una neurosis infantil (El Hombre de los lobos)*, Madrid, Biblioteca Nueva, 1973, *Obras completas*, vol. II, págs. 785 y sigs.]

–"Jenseits des Lustprinzips" (1920), *G.W.*, XIII, 3-69; *S.E.*, XVIII, 1-64; "Au-delà du principe de plaisir", en *Essais de psychanalyse*, París, Payot, 1981, págs. 41-115, 2ª ed. [Hay versión castellana: *Más allá del principio del placer*, Madrid, Biblioteca Nueva, 1973, *Obras completas*, vol. I, págs. 1097 y sigs.]

–"Massenpsychologie und Ich-Analyse" (1921), en *G.W.*, XII, 71-161; *S.E.*, XVIII, 65-143; "Psychologie des foules et analyse du Moi", en *Essais de psychanalyse*, París, Payot, 1981, 2ª ed., págs. 83-175. [Hay versión castellana: *Psicología de las masas y análisis del Yo*, Madrid, Biblioteca Nueva, 1973, *Obras completas*, vol. I, págs. 1127 y sigs.]

– "Die infantile Genitalorganisation" (1923), *G. W.*, XIII, 293-298; *S.E.*, XIX, 139-145; "L'Organisation génitale infantile" en *La Vie sexuelle*, París, PUF, 1969, págs. 113-116. [Hay versión castellana: *La organización genital infantil*, Madrid, Biblioteca Nueva, 1973, *Obras completas*, vol. I, págs. 1195 y sigs.]

– "Neurose und Psychose" (1924), *G. W.*, XIII, 387-391; *S.E.*, XIX, 147-153; "Névrose et psychose" en *Névrose, psychose et perversion*, París, PUF, 1973, págs. 283-286. [Hay versión castellana: *Neurosis y psicosis*, Madrid, Biblioteca Nueva, 1973, *Obras completas*, vol. II, págs. 499 y sigs.]

– "Der Realitätsverlust bei Neurose und Psychose" (1924), *G. W.*, XIII, 363-368; *S.E.*, XIX, 181-187; "La perte de la réalité dans la névrose et dans la psychose", en *Névrose, psychose et perversion*, París, PUF, 1973, págs. 299-303. [Hay versión castellana: *La pérdida de la realidad en la neurosis y en la psicosis*, Madrid, Biblioteca Nueva, 1973, *Obras completas*, vol. II, págs. 504 y sigs.]

– "Fetischismus" (1927), *G. W.*, XIV, 311-317; *S.E.*, XXI, 147-157; "Le Fétichisme", en *La Vie sexuelle*, París, PUF, 1969, págs. 133-138. [Hay versión castellana: *Fetichismo*, Madrid, Biblioteca Nueva, 1973, *Obras completas*, vol. II, págs. 505 y sigs.]

– "Die Ischpaltrung in Abwehrvorgang" (1938), *G. W.*, XVII, 59-62; *S.E.*, XXIII, 271-278; "Le chivage du moi dans les processus de défense", en *Nouvelle Revue de psychanalyse*, 1970, 2, 25-28. [Hay versión castellana: *Escisión del yo en el proceso de defensa*, Madrid, Biblioteca Nueva, 1973, *Obras completas*, vol. III, págs. 389 y sigs.]

– *Abriss der Psychoanalyse* (1938), *G. W.*, XVIII, 67-138; *S.E.*, XXIII, 139-207; *Abrége de psychanalyse*, París, PUF, 1967. [Hay versión castellana: *Esquema del psicoanálisis*, Madrid, Biblioteca Nueva, 1973, *Obras completas*, vol. III, págs. 392 y sigs.]

Garma, A.: *La Psychanalyse des rêves*, París, PUF, 1954. [Versión original en castellano: *Psicoanálisis de los sueños*, Buenos Aires, Paidós, 1977, 6ª ed.]

Hegel: *Phénoménologie de l'esprit*, 2 vols., París, Aubier-

Montaigne. [Hay versión castellana: *Fenomenología del espíritu*, Madrid, Fondo de Cultura Económico, 1981.]

Jakobson, R.: *Essais de linguistique générale*, París, Minuit, 1963. "Towards a linguistic typology of aphasic impairments" en Renck, O'Connor y otros: *Disorders of Language*, Londres, Churchill, 1964. [Hay versión castellana: *Ensayos de lingüística general*, Barcelona, Seix Barral, 1981, 2ª ed.]

Jones, E.: "Le Développement précoce de la sexualité féminine" (1927); "Early development of female sexuality" (1927), en *Papers on Psycho-Analysis*, Baillers, Londres, 5ª ed., 1950.

Kress-Rosen, N.: "Linguistique et antilinguistique chez Lacan", en *Confrontations psychiatriques*, 1981, nº 19, págs. 145-162.

Lacan, J.: "Le Stade du miroir. Théorie d'un moment structurant et génétique de la constitution de la réalité, conçu en rélation avec l'expérience et la doctrine psychanalytique" (3/8/1936). Conferencia pronunciada en el XIV Congreso freudiano internacional, Marienbad, 2-8/8/1936. El texto de esta conferencia es inédito. La comunicación está clasificada en el índice, con el nombre "The looking glass phase", en *International Journal of Psycho-Analysis*, 1937, I, 78.

Lacan retoma el tema de esta conferencia en el XVI Congreso Internacional del psicoanálisis el 17/7/1949 en Zürich con el título: "Le stade du miroir comme formateur de la fonction du Je telle qu'elle nous est révélée dans l'expérience psychanalytique", en *Écrits*, París, Seuil, 1966, págs. 93-100.

- "L'Agressivité en Psychanalyse" (1948), en *Écrits*, París, Seuil, 1966, págs. 101-124.

- "Le Mythe individuel du névrosé" (1953), en *Ornicar?* nº 17-18, 1979, pág. 292.

- "Fonction et champ de la parole et du langage en psychanalyse" (1953) en *Écrits*, París, Seuil, 1966, págs. 237-322.

- Séminaire, livre I, *Les Écrits techniques de Freud* (1953-1954), París, Seuil, 1975, pág. 127. [Hay versión castellana: *El Seminario 1. Los escritos técnicos de Freud*, Barcelona, Paidós, 1981.]

- "Introduction au commentaire de Jean Hyppolite sur la *Ver-*

neinung de Freud" (1954), en *Écrits*, París, Seuil, 1966, págs. 363-399.

- *Le Moi dans la théorie de Freud et dans la technique de la psychanalyse*, livre II, 1954-1955, París, Seuil, 1978, [Hay versión castellana: *El Seminario 2. El yo en la teoría de Freud y en la técnica psicoanalítica*, Barcelona, Paidós, 1983.]

- *Les Psychoses*, séminaire, livre III (1955-1956), París, Seuil, 1981. [Hay versión castellana: *El Seminario 3. La psicosis*, Barcelona, Paidós, 1983.]

- "La Chose freudienne au sens du retour à Freud en psychanalyse" (1955), en *Écrits*, París, Seuil, 1966, págs. 406-436.

- "Situation de la psychanalyse en 1956", en *Écrits*, París, Seuil, 1966, págs. 459-491.

- "La Rélation d'objet et les structures freudiennes" (1956-1957), seminario inédito hasta la fecha. El seminario "La Rélation d'objet et les structures freudiennes" ha sido resumido por J.-B.-Pontalis y supervisado por Lacan, publicado en el *Bulletin de psychologie:* 1956-1957, tomo X, Nº 7, págs. 426-430, Nº 10, págs. 602-605, nº 12, págs. 742-743, nº 14, págs. 851-854, 1957-1958, tomo XI, nº 1, págs. 31-34.

- "L'Instance de la lettre dans l'inconscient ou la raison depuis Freud" (1957), en *Écrits*, París, Seuil, 1966, págs. 493-528.

- "Les Formations de l'inconscient" (1957-1958), inédito hasta la fecha. Un resumen del seminario: "Les formations de l'inconscient" redactado por J.-B.-Pont·lis (y supervisado por Lacan) ha sido publicado en el *Bulletin de Psychologie:* 1957-1958, tomo XI, nº 4-5, págs. 293-296; 1957-1958, tomo XII, nº 2-3, págs. 182-192, nº 4, págs. 250-256.

- "La Direction de la cure et les principes de son pouvoir" (1958), en *Écrits*, París, Seuil, 1966, págs. 585-645.

- "D'une question préliminaire à tout traitement possible de la psychose" (1958), en *Écrits*, París, Seuil, 1966, págs. 531-583.

- "Le Désir et son interprétation" (1958-1959), seminario inédito. Resumen redactado por J.-B.-Pontalis y supervisado por Lacan en el *Bulletin de psychologie:* 1959-1960, tomo XIII, nº 5, págs. 263-272, nº 6, págs. 329-335. Algunos pasajes del seminario "Le -Désir et son interprétation" han sido publicados en *Ornicar?* el 4 de marzo de 1959: Hamlet, Canevas I, *Ornicar?*, 1981, 24, 7-17; el 11 de marzo de 1959: Hamlet, Canevas II, *ibíd.*, 1981, 24, 18-31; el 18 de marzo de 1959: Hamlet, Le désir de la mère, *ibíd.*, 1982, 25, 13-25; el 8 de abril de 1959: Hamlet Il n'y a pas d'Autre de l'Autre, *ibíd.*, 1982, 25, 26-36; el 15 de abril de 1959: Hamlet, L'objet Ophélie, *ibíd.*, 1983, 26.27, 17-19; el 22 de abril de 1959: Hamlet, Le désir et le deuil, *ibíd.*, 1983, 26.27, 20-31; el 29 de abril de 1959: Hamlet, Phallophanie, *ibíd.*, 1983, 26.27, 30-44.

–"À la mémoire d'Ernest Jones: sur sa théorie du symbolisme" (1959), en *Écrits*, París, Seuil, 1966, págs. 697-717.

–"L'Éthique de la psychanalyse" (1959-1960), livre VII, seminario inédito.

–"Position de l'inconscient" (1960), en *Écrits*, París, Seuil, 1966.

–"Subversion du sujet et dialectique du désir dans l'inconscient freudien" (1960), en *Écrits*, París, Seuil, 1966, págs. 793-827.

Remarque sur le rapport de Daniel Lagache: "Psychanalyse et structure de la personalité" (1958), en *Écrits*, París, Seuil, 1966, págs. 647-684.

Les quatre concepts fordamentaux de la psychanalyse, séminaire, livre XI, 1964, París, Seuil, 1973. [Hay versión castellana: *El Seminario XI, Los cuatro conceptos fundamentales del psicoanálisis*, Barcelona, Argonauta, 1978.]

– "De nos antécédents" (1966), en *Écrits*, París, Seuil, 1966, págs. 65-72.

– "Ouverture de ce recueil" (1966), en *Écrits*, París, Seuil, 1966, págs. 9-10.

– "Préface" (1969), en Jacques Lacan, Bruselas, Dessart, 1970, págs. 5-16.

– "L'étourdit" (1972), en *Scilicet*, 1972, nº 4, págs. 5-52.

Laplanche, J. y Pontalis, J.-B. : *Vocabulaire de la psychanalyse*,

París, PUF, 1973. [Hay versión castellana: *Diccionario de psico-análisis*, Barcelona, Labor, 1983, 3ª ed.]

Leclaire, S.: "À la recherche des principes d'une psychothérapie des psychoses", en *L'Évolution psychiatrique*, 1958, tomo 23, nº 2, págs. 337-419.

Lemaire, A.: *Jacques Lacan*, Bruselas, Pierre Mardaga, 2ª ed., 1977.

Miller, J.-A.: "La suture (Éléments de la logique du signifiant)" en *Cáhiers pour l'analyse*, 1966, 1/2, págs. 37-49.

Nancy, J.-L. y Lacoue-Labarthe, P.: *Le Titre de la lettre*, París, Galilée, 1973. [Hay versión castellana: *El título de la letra*, Barcelona, Buenos Aires, S.A. Ediciones, 1981.

Patris, M.: "L'Identification au père. Entre l'amour et la terreur du phallus", en *La Fonction paternelle en psychopathologie*, Congreso de psiquiatría y de neurología de lengua francesa, LXXIXª sesión, Colmar, 29 de junio-4 de julio de 1981; París, Masson, 1981, págs. 38-47.

Piaget, J.: *Le Structuralisme*, París, PUF, 1970. [Hay versión castellana: *El estructuralismo*, Vilassar de Mar, Oikos-Tau, 1974.]

Safouan, M.: *Le Structuralisme en psychanalyse*, París, Seuil, 1968.

Saussure, F. de: *Cours de linguistique générale*, citado en la edición crítica, París, Payot, 1980. [Hay versión castellana: *Curso de lingüística general*, Madrid, Alianza, 1983.]

Searle, J.: *Les actes de langage*, París, Hermann, 1972. [Hay versión castellana: *Actos de habla*, Madrid, Cátedra, 1980.]

Impreso en los talleres de
Master Copy, S.A. de C.V.
Calle Plásticos #84 Local 2 Ala Sur
Fracc. Industrial Alce Blanco
Naucalpan de Juárez, C.P. 53370